# 咸陽故夢

## 亂世質子嬴政的逆轉翻盤之



名 著

**秦王掃六合，虎視何雄哉！揮劍決浮雲，諸侯盡西來。**

——唐・李白

秦始皇，歷史上爭議最多的人物之一，討論熱度歷久不衰

他究竟是暴君還是明君？他的所作所為究竟是功還是過？

他如何在亂世中殺出重圍，一統江山，成為中國史上第一個「皇帝」？

**咸陽故夢**
亂世質子嬴政的逆轉翻盤之路

# 目錄

# 前言

歷史發展的每一個時代，都有值得我們追隨的人，都有激勵我們奮進的力量。這些曾經創造歷史、影響時代的人物，或以其深邃的思想推動了世界文明的進步，或以其叱吒風雲的政治生涯影響了歷史的進程，或以其在自然科學領域中的巨大成就造福於全人類……

因為有了他們，歷史的車輪才會不斷前行；因為有了他們，歷史的內容才會愈加精彩。他們已經成為歷史長河的風向標，引領著我們人類走向更加深邃的精神世界和更加精彩的物質世界。今天，當我們站在一個新的紀元回眸過去的時候，我們不能不提起他們的名字，因為是他們改變了世界，改變了人類社會的發展格局。了解他們的生平、經歷、思想、智慧，以及他們的人格魅力，也必然會對我們的人生產生重大的影響。

為了能夠了解並記住這些為人類歷史發展做出過巨大貢獻的人物，經過長時間的遴選，我們精選出了六十位最具時代性、最具影響力、最具代表性的人物，編寫成為這套系列叢書，其宗旨是：期望透過這套傳記形式的叢書，對讀者的成長產生潛移默化的影響，能夠從中吸取到有益的精神元素，立志成才，為社會作出自己的貢獻。

本套叢書寫作角度新穎，它不是簡單堆砌有關名人的材料，而是精選了他們一生當中一些富有代表性的事件和故事，以點帶面，從而折射出他們充滿傳奇的人生經歷和各具特點的鮮明個性。透過閱讀這套叢書，我們不僅要了解他們的生活經歷，更重要的是了解他們的奮鬥歷程，以及學習他們在面對困難、失敗和挫折中所表現出來的傑出品質。

此外，書中還穿插了許多與這些著名人物相關的小知識、小故事等。這些內容語言簡潔，可讀性強，既能令版面豐富靈活，又能開闊閱讀視野，同時還可作為讀者學習中的寫作素材。

我們相信，這一定是一套能令讀者喜愛的傳記叢書。透過閱讀本套叢書，我們也能夠真切了解到這些人物對一個、乃至幾個時代所產生的重大影響。

就讓我們一起翻開這些傑出人士的人生故事，走進他們生活的時代，洞悉他們的內心世界，就好像與這些先賢們促膝談心一般，讓他們激勵我們永遠奮進，促使我們洞察人生，鼓舞我們磨練心志，走向成功！

# 故事導讀

秦始皇（西元前二五九到前二一〇年，西元前二四六到前二一〇年在位），嬴姓，趙氏，名政，中國古代著名的政治家、軍事家，也是中國歷史上的第一位皇帝，被譽為「千古一帝」。他第一次終結了中國歷史上長達數百年的戰國時代，建立了大秦帝國。

秦始皇出生於戰亂四起的戰國時代，而且是在異國他鄉（趙國都城邯鄲）出生的。因此，他的童年時期充滿了屈辱和不幸。但幸運的是，他十二歲便登上秦國國君的寶座。作為一位少年天子，他忍辱負重，在平靜中等待時機，先後剷除了亂政的嫪毐集團和專權的呂不韋集團，為獨掌大權奠定了基礎。

親政後，秦始皇廣招天下人才，不斷興兵東進，歷經十幾年，終於蕩平韓、趙、燕、魏、楚、齊等諸侯國，統一天下。之後，他又創造了「皇帝」稱號，建立了由皇帝、三公九卿組成的中央政府和以郡縣制為基礎的地方行政機構。這種基本的政權組織形成與他創造的「皇帝」稱號一樣，在中華大地上延續了兩千多年。

在大一統的帝國內，秦始皇還統一了度量衡、貨幣、文字，修建官道，北禦匈奴，南平百越，從這些方面來看，秦始皇確實是當之無愧的「千古一帝」。

不過，這位偉大的帝王在造福於百姓和後世的同時，也犯下了滔天罪行。他橫徵暴斂，以嚴刑峻法統治天下，驅使人民修長城、築宮殿、建陵墓，熱衷於求仙問道，焚書坑儒，也在一定程度上破壞了中華文明發展的進程。或許正是因為這樣，他一手締造的大秦帝國僅僅歷時十五年（西元前二二一到前二〇六年）便煙消雲散了。

# 第一章　異人入趙為質子

三十七年，兵無所不加，製作政令，施於後王。蓋得聖人之威，河神授圖，據狼、狐，蹈参、伐，佐政驅除，距之稱始皇。

——（東漢）班固

## (一)

戰國（西元前七七〇到前二二一年）時期，「天下共主」周天子暗弱，諸侯相侵，爭相作霸主，齊、楚、燕、韓、趙、魏、秦等七國在兼併戰中脫穎而出，成為當時最為強大的諸侯國，史稱「戰國七雄」。

七雄內修政治，外逞刀兵，先後兼併了各自周邊的小國，鞏固了經濟和軍事實力。到西元前四世紀中期，各國又相繼推行變法，以謀求天下霸主之位。在此過程中，秦國國君秦孝公（西元前三二一到前三三八年，西元前三六一到前三三八年在位）因為任用了千古奇才商鞅為大良造，推行變法，一舉成為七國之中最為強大的諸侯。

從此之後，秦國便開始虎視東方六國，不斷挑起戰爭，企圖一統天下。東方六國國君意識到他們已無力單獨抵抗強秦，便先後在縱橫家公孫衍與蘇秦等人的遊說下發起了「合縱」行動，即六國聯合抗秦。秦國為打破六國聯盟，則起用魏國人張儀，聯合東方各國，攻打周邊的小國，是為連橫。一時之間，各諸侯國為了自身的利益，時而加入「合縱」，時而加入「連橫」，反覆無常。

雖然六國確立了聯合抗秦的戰略方針，但由於各國之間矛盾重重，根本無法做到同心協力，秦國依然一天天強大起來。到秦昭襄王（西元前三二五到前二五一年，西元前三〇六到前二五一年在位）時期，秦國的領土已經比東方六國的總面積都要大了。

## 第一章 異人入趙為質子

（一）

當時，在東方六國中以瀕臨大海的齊國最為強大，地處中原的趙、魏兩國次之。但這三國之中，秦國一統天下的阻礙並非最為強大的齊國，而是實力次之的趙、魏兩國。因為趙、魏兩國戰略位置極為重要，將東西方兩個最強大的諸侯國隔離開了。秦國要想一統天下，必須先滅掉趙、魏。而且，趙、魏與秦國接壤，是秦國的傳統敵對國，雙方在歷史上爆發了多次大規模的軍事衝突。

西元前二七〇年，秦昭襄王再次派重兵圍攻趙國的軍事重鎮閼與（今山西和順縣）。趙惠文王（約西元前三〇七到前二六六年，西元前二九八到西元前二六六年在位）急召名將廉頗商議：

「將軍可有把握救下閼與？」

廉頗回答說：

「此去閼與，路途漫長、坎坷，恐怕救不了了。」

趙惠文王心中憂慮，又召名將樂乘相問。然而，樂乘的回答與廉頗一樣，也認為「道遠險狹」，閼與已經沒救了。

趙惠文王心中的憂慮又深了一層，最後便抱著試試看的態度召見了軍中新銳趙奢。趙奢朗聲回答說：

「此去閼與，道遠險狹，兩軍交戰就好像兩隻老鼠在狹窄的洞穴裡相鬥一樣，必然是勇者勝利。」

趙惠文王大喜，立即任趙奢為將，令其率軍去解閼與之圍。趙奢領命後，率軍出城了。但其大軍剛出都城三十餘里就地紮營，停止前進了。趙奢嚴令：

「誰敢在軍事方面向我進諫，我立即殺了他。」

當時，秦軍在圍困閼與的同時，已經派了一支部隊直插武安（今河北省武安縣西南），與閼與成犄角之勢，以防趙奢的援軍。趙軍中有一位忠烈、但卻毫無遠見之人，立即向趙奢進諫，建議他火速去救武安。趙奢勃然大怒，立即將其斬首示眾。

就這樣，趙奢在邯鄲城外一次次加固營壘，以示毫無進取之意。到了第二十八天，秦軍派遣使者前往趙軍駐地，以探究竟。趙奢將計就計，不但好酒好菜招待了這位使者，還將他送回秦軍營中。當使者把趙軍的情況報告給秦軍將領時，秦軍將領得意洋洋斷言道：

「趙軍離開都城僅三十里就止步紮營，閼與已經不是趙國的領地了。」

由此，駐守武安的秦軍便放鬆了警惕。而趙奢則在此時突然集結部隊，全力西行，繞過武安來到閼與周邊。被拋在武安的秦軍聽說趙奢已至閼與，才如夢方醒，慌忙調集兵力奔向閼與。但一切都已經晚了，趙奢搶占了閼與城外的有力地形，居高臨下，等待秦軍前來送死。

結果，當秦軍趕到閼與之時，以逸待勞的趙軍立即憑藉地形優勢發起攻擊。秦軍不敵，四散潰逃，閼與之圍也隨之解除了。

閼與之戰是秦國統一六國之路上的一次重大挫折。秦昭襄王也由此意識到，秦國暫時還不具備統一天下的基礎，於是趕緊罷兵議和，與趙國互派質子。所謂質子，就是國君派往他國作為人質的子孫。閼與之戰後，秦昭襄王派往趙國為質子的是他的次子安國君。

## （二）

閼與之戰後，秦昭襄王採納了客卿范雎「遠交近攻」的戰略構想。所謂「遠交近攻」，就是對齊、楚等距秦較遠的國家先行交好，以使他們不干預秦攻打鄰近諸國之事。秦國最近的兩大諸侯國魏、韓兩國地處中原，尤如天下之樞紐，應首先攻打，以除心腹之患。如果魏、韓臣服，則北可懾趙，南能伐楚，最後再攻打齊國。這樣由近及遠，得一城便可鞏固一城，逐步向外擴張，必然可以統一天下。

西元前二六八年，秦昭襄王便用范雎的謀略，派兵討伐魏國，一舉攻下了魏國的重鎮懷（今河南武陟西南）。然而，正當伐魏之戰節節勝利之時，在魏國作人質的秦悼太子卻去世了。悼太子死因不詳，可能與魏國人的折磨有關。當時兩國正在交戰，魏人嚴苛對待秦國太子似乎也在情理之中。

無論如何，「國不可一日無太子」，秦昭襄王立即把次子安國君從趙國召回來，立其為太子。安國君回國當太子了，誰去趙國當質子呢？

此時，有人向秦昭襄王提議說，讓安國君的兒子異人以王孫的身分前往趙國當質子。秦昭襄王沉思了片刻，覺得「以子代父」也是一個不錯的選擇，便批准了這一建議。

西元前二六五年的一天，異人登上了笨重的馬車，踏上了漫漫旅途。他默默坐在車中，思緒萬千，根本無心欣賞車簾外的美景。異人雖然貴為王孫，父親又是太子，但他在王室中的地位卻十分卑微。他的生母夏姬只是安國君的偏夫人，而且又不得寵愛，他自然也不為父親所重視。更何況，安國君子嗣眾多，有二十多個兒子，自己又算得來什麼呢？

想著想著，異人不免滿心淒涼起來。在秦國，他雖然不受重視，但起碼還可以過著錦衣玉食的生活。一旦到了趙國，他恐怕連最起碼的尊嚴、甚至生命都保不住了。

異人的擔憂很快就變成了事實。由於秦、趙兩國連年交戰，異人又不受安國君重視，趙國人自然不會給他好臉色看。在邯鄲城裡，異人受盡冷落。恰在此時，趙惠文王駕鶴西歸，其子丹繼位，稱趙孝成王（？到西元前二四五年，西元前二六六到前二四五年在位），其母趙太后攝政。

趙國王權的變更讓秦昭襄王看到了機會，立即發兵攻打趙國，並連攻下三座城池。趙國朝野一片驚慌，大臣觸龍緊急覲見趙太后，勸說她以幼子為質，向齊國求援。

趙太后被說動了，將自己最疼愛的幼子送到齊國當質子。齊國隨後發兵，支援趙軍，秦軍才被打退。這就是歷史上有名的「觸龍說趙太后」。

秦、趙兩國雖然息兵了，但異人在邯鄲的生活卻過得越來越艱苦。趙國人恨不能將其千刀萬剮，抽其筋，吃其肉，飲其血，就連同在邯鄲為質的其他國家的王孫公子見到他也像見到瘟神一樣，躲得遠遠的。

## 第一章 異人入趙為質子

（二）

有一天，異人乘車在邯鄲城中閒逛，以解憂思。馬車慢慢走著，忽然後面傳來一陣急促的馬蹄聲。異人剛想令車夫避讓，後面的馬車就從旁邊闖了過去，將異人的馬車蹭得東倒西歪。車夫大罵道：

「簡直欺人太甚！王孫好脾氣，不然調來秦軍砍了你的狗頭！」

街上的人聽到罵聲，知道車上坐的是秦國王孫異人，便開始指指點點，竊竊私語起來。然而，前面那輛馬車卻停了下來，從上面走下來一位商人模樣的中年人。此人姓姜，呂氏，名不韋，當時男子稱氏不稱姓，所以人稱呂不韋。

呂不韋是衛國陽翟（今河南省禹州市）人（一說河南濮陽人），自幼聰慧，精於算計。成年後，呂不韋開始經商，往來各地，以低價買進，高價賣出，積累了千金家財，在東方六國中皆置有產業。他聽到車夫的罵聲，聞知後面馬車上坐著的是秦國王孫異人，心中一動，便喃喃說道：

「此人真是奇貨可居啊！」

於是，呂不韋便命車夫停車，自己親自走到異人的車前，躬身賠禮道：

「不知王孫坐在車上，小人呂不韋多有得罪，還請王孫見諒！」

呂不韋此舉讓異人吃驚不小，因為在趙國還從來沒有人對他如此恭敬過。異人拱了拱手，朗聲道：

「先生客氣了！」

呂不韋道：

「如若王孫不棄，請到寒舍小酌幾杯。」

異人想到自己的尷尬處境，忙推辭道：

「近日賤軀多有不適，恐怕要辜負先生的美意了！」

「既然如此，那小人改日再專程前往王孫寓所拜會。」呂不韋一邊說，一邊讓開道路，讓異人的馬車過去了。

## （三）

自從見到異人之後，呂不韋的思緒一連數日都不能平靜。當時，秦昭襄王已經六十多歲，在位四十餘年，說不定哪天就會駕鶴西歸。秦國太子武安君也已經四十多歲，即便順利登基，恐怕也無法在王位上坐多長時間。因為在先秦時代，人均壽命都很短，五六十歲已經算是高壽了。如此一來，秦國王位很快就會落入武安君之子的手中。

按照慣例，武安君登基後，應立正室華陽夫人之子為太子，但華陽夫人偏偏沒有子嗣。也就是說，武安君的二十多個庶子都有被立為太子的可能，其中自然也包括偏夫人夏姬所生的異人。呂不韋敏銳意識到了這一點。於是，他便打算在異人身上做一筆政治投資，為自己和家族的未來賺取巨額利潤。

有一天晚上，呂不韋突然對他的父親說：

「父親大人，孩兒想向您請教幾個問題。」

呂父眯著眼睛，一邊撥亮燭光，一邊說：

「但問無妨。」

呂不韋略一沉思，便問道：

「耕田種地的利潤有多少倍？」

呂父屈指算了算，回答說：

「最多十倍！」

呂不韋又問：

「販賣珍珠玉器能獲利多少？」

呂父默算了半晌，回答說：

「起碼百倍以上。」

呂不韋這時壓低了聲音，又問道：

「如果能夠擁立一國之主，那麼能獲得多少利潤呢？」

呂父聽到兒子這樣問自己，不覺大吃一驚，忙道：

「立主定國的利潤是沒辦法用數字來計算的啊！」

呂不韋笑了笑，緩緩說道：

「大多數人辛苦勞作，也無法得到溫飽。如果能夠擁立一國之君，成就萬世之業，定可福澤後世。請父親大人允許我去做一番大事業，擁立秦國王孫異人為將來的秦國之主。」

接著，呂不韋便向父親闡述了擁立異人為秦國國君的可能性和現實性。聽完呂不韋的這些話，呂父驚愕的看著兒子，彷彿不認識他一般。過了半晌，他才緩緩說道：

「想不到我兒竟有凌雲之志，為父一定會全力支持你。」

得到了父親的贊同後，呂不韋大喜，立即謀劃起來。幾天後，呂不韋親往異人的寓所，邀請他赴宴。異人盛情難卻，只得跟隨呂不韋到了呂府。呂不韋將寶馬輕裘、錦衣玉食、瓊漿玉液悉數搬了出來，極力奉承。久為質子的異人哪裡見過這等陣勢，不覺飄飄然起來。酒過三巡，呂不韋對異人說道：

「如果我說呂某能光大王孫的門楣，您可相信？」

## 第一章 異人入趙為質子
### （三）

異人乾笑了幾聲，淒然說道：

「先生不過區區一介商人，為何說這樣的大話來戲弄我呢？我看你還是先想辦法光大自己的門楣，再來考慮如何光大我的門楣吧！」

呂不韋一本正經回答說：

「王孫有所不知，我呂家的門楣必待您的門楣光大之後方能光大！」

異人久為質子，見慣了各國公子爭奪王位的鬥爭，自然知道呂不韋話中的深意。他起身向呂不韋深深一躬，低聲道：

「請先生教我該怎麼做。」

呂不韋連忙拉著異人的雙手，將其引到座位上，與他促膝而坐，分析道：

「秦王如今年歲已老，而您的父親安國君貴為太子，早晚有一天要登基為王的。我私下裡聽說安國君最寵愛華陽夫人，也只有她的兒子才有可能在您的父親登基後被立為太子。但是華陽夫人並沒有子嗣，唯有從你們兄弟中過繼一人為子。」

異人深深點了點頭，表示贊同。呂不韋頓了頓，又說：

「在二十多個兄弟當中，王孫並非長子，不得安國君的寵愛，又長期在他國為質子，被立為太子的可能性很小。但即便如此，一旦安國君登基為王，王孫還是有機會和諸兄弟爭奪太子之位的。」

異人沉思半晌，急切的說：

「先生所言極是，但我該怎麼做呢？」

呂不韋接著說：

「王孫囊中羞澀，長期在趙國為質，沒有辦法用金錢結交各國賓客、孝敬安國君和華陽夫人。呂某雖然不富裕，但我願攜帶千金西行，前往秦國，為王孫侍奉安國君和華陽夫人，請他們立你為嗣。」

異人聞言大喜，起身向呂不韋深深一躬，緩緩說道：

「如果先生之策能夠實現，我願和你共用秦國的江山。」

## (四)

商議已定，呂不韋便籌集了黃金千金，其中五百金交給異人，讓他結交趙國的權貴、各國的質子和賓客們，而自己則帶另外五百金西入咸陽，幫助異人遊說華陽夫人。呂不韋不愧是一個千古奇才，他從華陽夫人的弟弟陽泉君和姐姐入手，順利見到了華陽夫人。

呂不韋命人將從東方六國搜羅來的奇珍異寶都抬到華陽夫人的面前，華陽夫人果然大喜。呂不韋趁機說：

「呂某與王孫異人為至交，不得不在夫人面前替他鳴不平。異人天生異稟，聰慧而有賢德，廣結諸侯和天下賓客，卻無法逃脫在趙國為質的命運。王孫在趙國常常對呂某說，夫人德與天齊，夫人出楚國嫁入秦國，實在是秦國王室和百姓之福啊！只可惜，王孫久為人質，不得在左右侍候夫人。他常因思念安國君及夫人而日夜哭泣呢！」

華陽夫人聽到呂不韋這樣說，又想到自己膝下無子，沉思片晌，忽然淒涼的說：

「我可憐的孩子啊！」

呂不韋聽到華陽夫人稱異人為「我的孩子」，心下大喜，知道大事已成一半了。

稍後，呂不韋告別華陽夫人，再次去拜訪她的弟弟和姐姐。所謂「一人得道，雞犬升天」，華陽夫人得寵，她的兄弟姐妹自然也是個個得享榮華了。

一見到陽泉君，呂不韋便故作高深的說：

「君王的死期已經不遠了，你難道還不知道嗎？」

陽泉君大怒，指著呂不韋罵道：

「大膽，你竟敢如此倡狂，小心你的腦袋搬家！」

呂不韋深深一躬，緩緩說道：

「請大人聽小人慢慢道來。如今，大人一家都居高位，但安國君的長子子奚門下哪有尊貴之人呢？大人府上到處是奇珍異寶，馬廄裡養著無數駿馬，後庭的美女也不可勝數。大人可曾想過，這些都是靠華陽夫人得寵的原因呢？然而華陽夫人膝下無子，一旦子奚將來登上王位，恐怕這些榮華富貴也就都保不住了。」

呂不韋斜眼看了看陽泉君，見其面如土色，汗如雨下，又接著說：

「到時候，恐怕連大人一門上下的性命也難保了！」

陽泉君聽到這裡，嚇得一屁股坐在榻上，不停擦汗。呂不韋直起了腰，低聲說道：

「在下有一計，可以保大人一門上下的安危。」

陽泉君聽罷，立即站起來，拉著呂不韋來到後室，對他深深一躬，懇求道：

「請先生教我！」

呂不韋不慌不忙說道：

「如今秦王年事已高，安國君年紀也不小了，一旦這兩位離世，子奚必然會被大臣們按照長幼之序推上王位。到時候，恐怕華陽夫人的門前就要荒草叢生了。」

陽泉君忙問：

「那我們該怎麼辦呢？」

呂不韋微笑著說：

「王孫異人是一位賢能之人，只可惜被遺棄在趙國。他的母親夏姬不得寵，自然顧不了他，但華陽夫人可以幫他啊！異人在趙國無日不思念故里，天天盼望著回來。如果華陽夫人能將他過繼為子，請求安國君立其為嗣，異人將來登上了王位，難道還能忘了華陽夫人的大恩大德嗎？」

陽泉君連連點頭，然後立即派人把姐姐叫到府中，與其商議對策。姐姐沉思半晌，緩緩說道：

「這件事情就交給我吧，我馬上進宮去見妹妹。」

陽泉君將姐姐送到秦宮門前便退去了。華陽夫人久處深宮，見到姐姐自然萬分高興。但姐姐卻一反常態，冷冷對她說：

「我常聽人說，靠美色而得到寵愛的，等到年老色衰，寵愛也就不復存在了。如今妹妹得到太子的寵愛不也正是因為年輕貌美嗎？但誰也無法做到青春常駐，妹妹就不擔心在年老之時失去恩寵嗎？」

姐姐的一席話說得華陽夫人汗如雨下，連聲問道：

「那該怎麼辦呢？」

姐姐又說：

「常言道『子憑母貴』，但卻不知道『母憑子貴』的道理。如今妹妹膝下無子，何不在諸多庶子中過繼一人為嫡子呢？如此一來，在太子有生之年，妹妹能夠得到後宮和天下人的尊重；即便將來太子不在了，你的嫡子繼位為王，也不至於失去權勢。這正是說一句話而得到萬世之利啊！妹妹何不趁得寵之時向太子說明此事呢？一旦恩寵不在，妹妹想要開口都沒有機會了。」

華陽夫人深以為然，遂追問道：

「依姐姐之見，我立誰為嫡子較為合適呢？」

姐姐沉思片晌，回答說：

「我聽說在趙國為質子的異人賢孝，可以立為嫡子。你想啊，他在諸子之中的排行靠後，如果按照長幼之序的話，他肯定沒有被立為嫡子飛希望。如果妹妹幫助他登上嫡子的位置，他難道會忘了妹妹的厚恩嗎？」

華陽夫人想了想，點了點頭，決定向安國君吹吹枕邊風，立異人為嫡子。

# 第二章　亂世之中降生

近代平一天下，拓定邊方者，唯秦皇、漢武。

——（唐）李世民

## (一)

春日的一天，百花盛開，風和日麗，正是遊玩的好時節，安國君興致盎然邀請華陽夫人一同飲酒賞花。在閒聊間，夫婦二人便提到了在趙國為質的異人。華陽夫人立即抓住時機，稱讚異人道：

「我聽從趙國回來的人說，異人十分賢孝，又廣結賓客，與其交往的人無不交口稱讚⋯⋯」

安國君雖然不大喜歡異人，但到底父子情深，他點了點頭淒然說道：

「只可憐這孩子還要在趙國過一段時間的苦日子。」

華陽夫人見安國君動了父子之情，忽然低下頭，故作悲傷之狀，低聲哭泣起來，並說道：

「看到異人這麼爭氣，我想到自己膝下無子，不禁傷心起來。」

安國君想到自己最寵愛的正妻膝下無子，也不禁唏噓起來。這時，華陽夫人低聲說道：

「我想將異人過繼到膝下，立他為嫡子，不知太子是否願意？」

安國君想到異人正在趙國受苦，心裡著實有些內疚，又見華陽夫人如此懇求自己，哪有不答應的道理呢？他馬上點點頭，說：

「愛姬不用擔心，我這就叫人雕刻玉符，立異人為嗣！」

第二天，安國君立異人為嗣的消息便在秦宮中傳開了。呂不韋興奮不已，他的政治投資已經成功了一大半。

## 第二章 亂世之中降生

### （一）

幾天之後，華陽夫人和安國君一起召見了呂不韋，令他攜帶一些貴重的禮物到趙國賞賜給異人。呂不韋受命，告辭後便登上馬車，直奔邯鄲而去。

來到邯鄲，呂不韋發現異人的處境已經改善了很多。他的寓所前車水馬龍，賓客摩肩接踵，好不熱鬧。這種場景既是異人用金錢結交各國賓客的結果，也有他嫡子身分的功勞。秦國是天下霸主，誰不願意結交秦國將來的國君呢？

呂不韋是一個很識相的人。他把安國君和華陽夫人賞賜給異人的禮物放下後，稍稍寒暄幾句便返身退了出去。異人也不去追，正所謂「大恩不言謝」，他暫時還沒有辦法報答呂不韋的恩情。

在呂不韋積極幫助異人奪取嫡子的身分之時，秦昭襄王也沒有停止他的稱霸之路。在攻占了魏國重鎮懷之後，秦昭襄王又派重兵攻克了邢丘（今河南溫縣附近），終於迫使魏國親附於己。緊接著，他又大舉攻韓，先後攻取了陘（今河南濟源西北）、高平（今河南濟源西南）、少曲（今河南濟源西）等地。

西元前二六一年，秦軍攻克了韓國的交通和軍事重鎮野王（今河南沁陽），將韓國攔腰截為兩段。消息傳來，韓國上下一片恐慌，急忙遣使入秦，以獻上黨郡（今山西長治一帶）向秦求和。然而，韓國上黨太守馮亭卻不願獻地入秦，而是獻上黨之地給了趙，促成了趙、韓攜手抗秦的局面。

短視的趙孝成王居然接受上黨之地，從而招來了秦軍。西元前二六二年，秦軍兵分兩路，一路牽制韓國，一路直撲上黨。駐守上黨的趙軍不敵，急忙退守長平，死守不戰。范雎遂使出離間計，促使趙孝成王罷免了老將廉頗，起用了只會紙上談兵的趙括。

結果，趙括一到長平便令趙軍全力出擊。秦軍上將軍白起一邊命令部隊佯裝潰退，一邊組織奇兵切斷了趙軍與其大本營之間的聯繫。趙括立即陷入孤立無援之地，糧草斷絕的趙軍也陷入一片混亂。

五十天之後，潰不成軍的趙軍終於沉不住氣了，紛紛向秦軍投降。但投降也未能保住這些敗軍的性命，除兩百四十名少年之外，投降的四十萬趙軍全部被白起下令活埋了。在此戰中，趙軍雖然全軍覆沒，但秦軍也損失慘重，傷亡過半，無力再戰。

## （二）

秦、趙兩國再次爆發大規模的戰爭，不僅兩國的百姓和士兵飽受煎熬，在趙國為質的異人也首當其衝被捲入進來。戰爭一爆發，趙國的王公大臣們便氣勢洶洶來到異人的寓所前，高聲喊道：

「殺死秦狗異人，殺死秦狗異人！」

異人嚇得躲在寓所裡，終日不敢出門。他多次抓住僕人的肩膀，一邊用力搖晃，一邊疾呼：

「我該怎麼辦？我該怎麼辦？」

僕人木然站在原地，一點辦法也想不出來。異人鬆開僕人，垂頭喪氣跌坐在榻上，嘆息道：

「得到了嫡子的身分又有什麼用處呢？我這條命看來是要丟在趙國了！」

不過，趙國的王公大臣當中並非全是魯莽之人。一天，一位大臣向趙孝成王進諫道：

「大王，異人殺不得！如今秦強我弱，秦王千方百計尋找藉口要滅我趙國。殺一個人異人對秦國無害，但一旦異人死了，秦王就有藉口再動刀兵攻打我國了。」

趙孝成王沉思片晌，覺得此人說得有道理，便下令道：

「今後不准再去騷擾秦國王孫，否則殺無赦。」

異人雖然保全了性命，但受些冷嘲熱諷、吃些殘羹冷炙還是無法避免的。好在他有呂不韋的照應，才不至於忍飢挨餓。一天晚上，異人又應呂不韋之邀前往呂府赴宴。時值深秋時節，月朗星稀，秋風習習，令人好不愜意。呂不韋見自己的政治投資已經成功了一大半，高興不已，不免勸異人多喝了兩杯。然則，獨處異鄉的異人三五杯酒下肚之後，對景傷情，一片愁緒不禁湧上心頭。他仰首將杯中酒一飲而盡，長嘆道：

「月是故鄉明啊！」

呂不韋放下酒杯，輕聲道：

「大丈夫志在四方，豈能像小女子一樣，總是長吁短嘆呢？」

異人苦笑了一聲，回答道：

「大丈夫也有故鄉啊！不知不覺間，我到趙國為質已經五年有餘了。遠離故鄉和家人的滋味著實令人難以忍受啊！」

呂不韋長期在外經商，三五年也難得回家一次，聽異人這麼一說，鄉愁也被勾了上來。不過，呂不韋不比異人，他家財萬貫，高朋滿座，有的是方法派遣鄉愁。近日，呂不韋便新納了一個侍妾，名叫趙姬。趙姬是邯鄲城中一個富貴人家的女兒，不但長得傾國傾城，而且能歌善舞，多才多藝。

呂不韋端起酒杯，一飲而盡，大聲說道：

「酒筵之上怎麼能沒有歌舞助興呢？在下新近在邯鄲納了一個侍妾，能歌善舞，色藝俱佳。如王孫不介意，在下就命她來與我們助興解悶怎樣？」

## 第二章 亂世之中降生
（二）

異人忙道：

「豈能讓先生的內室起舞助興呢！」

「沒關係！你我現在是兄弟，何必這樣拘此小節呢！」呂不韋可能覺得自己失言了，忙補充道，「該死，該死！王孫貴為萬金之軀，呂某不敢高攀！」

異人忙說：

「先生言重了！如果沒有先生，異人可能早就橫屍邯鄲街頭了！」

這時，呂不韋吩咐身邊的僕人說：

「去把趙姬請來，讓她為王孫起舞助興。」

說話間，兩個衣著光鮮的婢女陪同一位麗人緩緩走出屏風。這位麗人便是呂不韋的侍妾趙姬。異人抬頭看了趙姬一眼，立刻就被她的美貌和風韻吸引住了。

呂不韋見狀，不免生氣起來。但呂不韋轉念一想，如果為了一個侍妾而與異人鬧翻，實在是前功盡棄。想到這裡，呂不韋搖了搖頭，嘆了口氣道：

「罷了，罷了！」

## (三)

整個晚上，異人的眼睛都沒有離開過趙姬。直到燈闌酒盡，異人才忙坐直了身子，準備起身告辭。然而，趙姬的身影和面貌卻在他的腦海裡始終盤踞著，怎麼也揮之不去。

忽然，異人藉著酒勁，伏地向呂不韋說道：

「異人有一件事懇求先生，請先生務必應允。異人孤身在趙國為質，晝則形單影隻，夜則寒衾難眠。若先生體恤異人，萬望能夠恩賜此姬與我為妻。」

呂不韋沒想到異人竟會如此唐突，一時有些發懵。但他馬上就緩過神來，將異人扶起，嘆息道：

「罷了，罷了！就讓趙姬再嫁給你吧！」

第二天，呂不韋便親自駕車將趙姬和諸多嫁妝送到異人的寓所。由於身處異國，異人的婚禮沒辦法以王孫大婚的禮制操辦，只好一切從簡。從此，異人與趙姬便成為一對苦命的夫妻。

幾個月後，趙姬有了身孕，異人非常高興。此後，異人更加便命僕人小心照顧趙姬，自己對她也是百般恩寵。就在此時，秦、趙兩國的關係又變得緊張起來。

長平之戰後，趙、韓兩國以獻六座城池為條件向秦國求和，秦昭襄王答應罷兵休戰。然而，趙孝成王很快就意識到，秦國的休戰是因力盡兵疲，並非真心休戰。因此，他立即毀約，並發起合縱，聯合齊、

## 第二章 亂世之中降生
(三)

魏、楚、韓等國共同抗秦。

秦昭襄王聞訊後，勃然大怒，遂發兵大舉伐趙。西元前二五九年九月，秦國大將王陵率部逼近趙國首都邯鄲，趙國全民皆兵，退守都城，全力抵抗。異人一家的處境因此也變得艱難起來，趙孝成王派人將異人監視起來，並曉諭各城門守將，不准放異人出城。

秦軍圍城數月，趙姬突然出現臨產徵兆。異人一面派人去請呂不韋，打算與他商議應對政局的變故，一面遣人去請產婆，為妻子接生。

呂不韋來到異人的寓所，異人忙迎上去，小心翼翼說：

「先生快救救我，趙王已經派人監視我了！」

呂不韋在門前看到影影綽綽的人影，便料到那些人就是奉命來監視異人的。他沉思片刻，說道：

「王孫不要慌亂，現今秦兵大軍圍城，趙王未必敢對你下手。否則的話，秦兵個個死戰，邯鄲定然不保。」

異人擦了擦汗，心裡平靜了許多。就在這時，後室中傳來一陣嬰兒嘹亮的啼哭聲。異人丟下呂不韋，快步走到後室，見虛弱的趙姬身邊已多了一個嬰兒。產婆忙上前道：

「恭喜王孫，夫人誕下一子，請王孫賜名。」

異人望了望窗外的秋景，說道：

「如今正是正月，不如就叫他政吧。」

這時趙姬開口說道：

「這名字真好！政兒出生在兵荒馬亂的趙國，而王孫祖上又與趙國王室同姓，不如就稱他為趙氏吧。」

異人點了點頭，說：

「這個主意很好，也好讓政兒不忘他出生時所遇的兇險。」

那個靜靜躺在趙姬身邊的孩子就是趙政，即千古一帝秦始皇。這也是為什麼嬴姓的始皇帝在許多史書中被稱為趙政的緣由。不過，當時誰也沒有想到，這個在圍城之中降生的男嬰日後會成為歷史上第一個統一中國的王者。

# (四)

混戰仍在繼續，秦軍奮力攻城，趙軍則拚死守城。趙國相國平原君趙勝散盡家財，招募死士，用血肉之軀擋住了秦軍無數次的瘋狂進攻。每個趙國人都明白，這是趙國生死存亡之際，也是他們最後的求生機會。有人想過投降，但他們一想到秦軍在長平之戰後坑殺了四十萬趙軍降卒，便不得不硬著脖子撐下去。

戰爭進行到第二年盛夏之時，秦軍傷亡慘重，而趙都邯鄲卻依然屹立。秦昭襄王大怒，決定撤掉主將王陵，命白起接替他。白起清醒的意識到，由於自己在長平之戰中下令坑殺四十萬趙軍降卒，一旦他前去擔任秦軍主將，趙軍的抵抗必定會更加頑強。更何況，秦軍經過連年苦戰，已經筋疲力盡，取得勝利的幾率微乎其微。於是，白起決定託病不出。秦昭襄王無奈，只好派王齕前往邯鄲周邊，接替王陵出任秦軍統帥。

見秦昭襄王陣前易將，並一再增派兵力，趙孝成王嚇壞了。他一邊派人向楚、魏等國求援，一邊怒氣沖沖要殺掉異人。這次任誰勸說，趙孝成王都不願再聽了，他下決心一定要殺了異人。

異人十分惶恐，急忙找呂不韋商議對策。呂不韋賄賂了趙國幾個王公大臣，但得到的答覆都驚人的一致：他們也無可奈何。

異人嚇得跌坐在榻上，黯然垂淚，淒涼說道：

「堂堂秦王的嫡孫就要死在異國他鄉了！做了這麼多年質子，我早已厭倦，死或許是一種解脫，但我可憐的政兒尚不滿周歲，難道也要陪我葬身於此嗎？」

聽到丈夫的哀嘆，趙姬抱著兒子從後室走出來，堅定的說：

「請夫君放心，我即使百死也要保住我們的政兒！」

異人站起來，淒然看看趙姬，又看看正在趙姬懷中的趙政。幼小的趙政現在還根本不知道父母心中的憂慮，他舞動著兩隻小手，想要抓母親的髮髻，自己跟自己玩得不亦樂乎。

第二天，異人發現，趙孝成王派來監視自己的人突然多了起來。他心中才稍稍安穩一些，這至少說明趙王不會立即將自己殺掉。

殘酷的戰爭又持續了一年多，趙王、趙國的王公大臣和百姓們無不度日如年。異人也日日自危，唯恐項上人頭被趙王掛到城牆上去，而呂不韋和趙姬也像異人一樣苦悶不已。唯一令他感到欣慰的是，趙政在大軍圍城的日子裡漸漸長大，並開始牙牙學語了。

在秦軍的重重圍困之下，邯鄲城裡死傷日多，糧草也即將耗盡，如果秦軍再不退去，趙國就要永遠消失了。就在這時，趙王派往秦國的細作前來報告稱，秦王已經派鄭安平率軍兩萬奔邯鄲而來了。

趙孝成王一聽，心中驚慌不已，擔心這下趙國數百年的基業就要毀在自己的手上了。這時，一名大臣向趙王進諫說，既然秦國不放過趙國，那麼留著秦國的質子異人還有什麼用呢？不如殺掉算了。

趙孝成王看了看這位大臣，忽然發瘋了似喊道：

「來人，將秦國王孫異人全家斬首示眾。」

## 第二章 亂世之中降生

（四）

眾人領命，帶著士兵氣勢洶洶向異人的寓所而去。趙國王公大臣中有不少人收受過異人和呂不韋的賄賂，現在他們見趙王真的要殺異人，急忙派人前去通風報信。

呂不韋和異人提前得知消息後，當下商議一起逃往秦軍大營。異人內疚的說：

「眼下也只有如此了。只是苦了先生，你萬貫家財都要因我而散了。」

呂不韋苦笑道：

「時至今日，還說這些幹什麼呢？」

突然，異人淒然說：

「可是趙姬和政兒該怎麼辦呢？」

呂不韋撚鬚沉思片晌，回答說：

「無妨！趙姬之父乃城中富貴之人，他定會想方設法保住夫人和公子的。」

在兵荒馬亂之際，異人自命不保，因此也無暇顧及妻兒了了。他痛苦的緊閉雙眼，抿著嘴仰起了頭，眼淚在眼眶中打轉……

# 第三章 不同尋常的童年

始皇帝，自是千古一帝也。始皇出世，李斯相之。天崩地坼，掀翻一個世界。是聖是魔，未可輕議。祖龍是千古英雄掙得一個天下。

——（明）李贄

## (一)

深夜時分，異人和呂不韋裝扮成商人的模樣，合乘一輛馬車悄悄溜到了城門邊上。此時，邯鄲城裡已經亂成一團，趙國士兵們正在四處搜查異人的下落。幸運的是，有些將領收過異人和呂不韋不少金銀財寶，因此也只是做做樣子，根本不用心搜查。

二人來到城門邊上，只見城門緊閉，戒備森嚴，一名校尉帶著數十名士兵正在那裡盤查想要出城的人。

呂不韋見狀，沉思片刻，又看看放在車上的一個包裹，低聲說道：

「王孫儘管放心，這世上用金子無法解決的事情畢竟不多！」

異人點了點頭，稍稍鎮定了些。待那名校尉將想要出城的人盡數趕回去之後，異人和呂不韋驅車來到跟前。呂不韋提著包裹，跳下馬車，來到校尉的跟前，低聲嘀咕了幾句。那校尉轉過身，背向士兵，呂不韋低頭哈腰跟過去，悄悄從包裹中摸出幾錠金子遞了過去。那校尉顛了顛金子的分量，狡黠一笑，轉身對士兵們說：

「開城門，此人是出城探親的。」

士兵們領命，打開了城門。呂不韋不敢逗留，忙登上馬車，掄起鞭子打在馬身上。馬嘶鳴一聲，拉著馬車揚塵而去。馬車出城之後，異人撩開簾子，望著邯鄲城，眼中既有悲憤，也有無限的依戀。

異人和呂不韋在逃脫了趙國人的監視後，直奔秦軍大營。秦將王齕聞知秦王嫡孫異人逃出邯鄲，忙派人接應。在秦軍將士的護送下，

## 第三章 不同尋常的童年

（一）

異人和呂不韋很快就來到了咸陽。之後，他們首先要拜見的自然是秦國太子安國君和華陽夫人。精明的呂不韋精心為異人打扮一番，讓他穿著楚服入宮覲見。異人知道呂不韋的心思，笑而不語，悄悄吩咐僕人辦理去了。

不一會兒，僕人便手捧一套華貴但卻骯髒不堪的楚服進來了。異人既不沐浴，也不梳頭，換上骯髒不堪的楚服，便拉著呂不韋入宮覲見去了。呂不韋見狀，面露微笑，心下大喜：

「我果然沒有看錯人，此人的確是一位可造之材。」

見到安國君和華陽夫人後，異人「撲通」一聲雙膝跪倒，然後伏地大哭道：

「父親、母親，不孝兒異人終於見到你們了！」

安國君鼻子一酸，眼淚流下來了。他一邊擦著眼淚，一邊命侍從將異人扶起來。華陽夫人見異人蓬頭垢面，一身楚服也骯髒不堪，便問道：

「我兒為何不沐浴更衣？」

異人又「撲通」一聲跪在地上，頓首道：

「母親，孩兒在趙國為質多年，無日無夜不思念父親和您啊！我一回到宮中，就想著來見您和父親，竟忘了沐浴更衣，請母親饒恕孩兒不敬之罪吧！」

華陽夫人是楚國人，見異人穿著一身楚服已經鄉愁難耐了，如今聽到異人這樣說，又想到自己膝下無子，不禁淒然道：

「我兒快起來！我原為楚國人，你是我的兒子，以後就以『楚』為名吧！」

從此，異人便改名為楚，字子楚。出於對尊者的敬重，史書上多稱其為「子楚」，而不呼其名。子楚一身楚服見華陽夫人鞏固了他的嫡子之位，也為仍在趙國藏匿的趙政奠定了將來等來王位的可能性與合法性。

此後，子楚便以嫡子的身分住在秦宮的太子宮中，每天必到安國君和華陽夫人的寢宮請安問好，態度十分恭順。雖然他也很牽掛身處冷宮的生母夏姬，但也只能在夜深人靜之時悄悄前往看望一下。至於呂不韋，秦國專門負責接待四方賓客的官吏早已將他安頓到客卿館中，每日好生侍候著。

## (二)

子楚和呂不韋逃離邯鄲後沒多久，戰場的形勢就發生了戲劇性的變化。秦將鄭安平所部兩萬餘人突然被圍，鄭安平被迫率軍投降趙國。

鄭安平投降後，王齕頓失左膀右臂，秦軍受阻，逡巡不前。魏國安釐王（？到西元前二四三年，西元前二七六到前二四三年在位）同父異母的弟弟信陵君竊取虎符，發兵救趙。而楚國也在此時加入戰爭，導致秦軍三面受敵，全線崩潰。三國聯軍乘勢收復了多年來被秦國侵占的大片土地。

經過這一戰役，秦兵死傷大半，秦國暫時無力再戰，不得不與三國議和。元氣大傷的趙、魏、楚三國也趁機休兵罷戰。隨後，戰國進入為期二十年相對和平的時期。

由於史書記載不詳，人們無法得知趙政在趙國是如何度過童年的。從理論上講，秦、趙兩國罷兵之後，趙姬母子的生活應該有所改善。趙家是邯鄲城中的富貴人家，趙政又是秦王嫡孫之子，趙家上下在物質上應當不會虧待他們母子。不過，凡事也不能靠主觀臆想。

據《史記·秦始皇本紀》中記載，始皇帝眼球突出，胸部像鷙鳥一樣凸起，聲音像豺狼一樣尖利刺耳。現當代的一些著名史學家曾根據始皇帝的相貌特徵推測，他可能是軟骨症和雞胸症的患者。現代醫學認為，無論是雞胸症，還是軟骨症，都是由於嬰兒到少年時期嚴重的營養不良導致的。也就是說，如果始皇帝真的患有這兩種疾病的話，他的童年生活應該過得比較淒慘。

這種推測極有可能是歷史事實。趙國剛剛逃過生死劫難，對敵對國的王族自然不會客氣。如果趙王要折磨趙政的話，趙家肯定無力抵抗，只能任由趙國的王公大臣們欺凌。甚至有史學家推測，趙政母子可能被趙家趕出家門，流落街頭。趙姬善歌舞，有可能是靠賣笑養活兒子的。

而趙政在童年時不但要忍飢挨餓，還要時不時遭受趙國人的白眼和王公大臣們的欺凌。根據《史記》記載，秦始皇在滅掉趙國後殺了不少欺負過他的人。從這些記載可以推測出，趙國人確實沒有給他好臉色。幼年的這種經歷對趙政的性格影響很大，他那陰冷、暴戾、乖張的性格或許就是這個時候形成的。

根據史書上的隻言片語，趙政在幼年時可能就結識了對他一生影響雖然不大，但卻因他而名揚天下的燕國太子燕丹。燕國是戰國七雄中實力最為弱小的國家之一。在歷史上，它曾飽受兩大強大的鄰國——趙國和齊國的欺凌。當時，燕丹的父親燕喜剛剛繼位不久。為了保住苟延殘喘的王國，燕喜只好忍痛將年幼的燕丹送到趙國為質子。據推測，燕丹當時的年紀應當與趙政相差不遠。

作為弱小的燕國送來的質子，燕丹在趙國的日子也不好過。但從理論上說，他當時應該比趙政的處境稍好一些。在那些日子裡，他們兩人可能經常聚在一起玩耍。

## (三)

時光荏苒，轉眼就到了西元前二五一年，即秦昭襄王五十六年。這一年秋天，秦國歷史上在位時間最長、為統一大業奠定了全面基礎的秦昭襄王病死了，享年七十五歲。

咸陽城裡頓時哭聲震天，朝野上下陷入一片混亂之中。一代有為之君死了，秦國怎麼辦？秦國的百姓怎麼辦？秦國的統一大業怎麼辦？一時間，人們憂心忡忡，似乎全然忘記了秦國的太子安國君。

直到發喪之日，安國君一身喪服出現在國人面前時，人們才想起，秦國並不會因為秦昭襄王駕崩而停止一統天下的腳步，秦國還有太子安國君。按照秦國的禮制，秦昭襄王駕崩後，安國君必須守喪一年方能登基。

但俗話說「國不可一日無君」，安國君雖然沒有登基，但實際上已經在主持國政了。秦昭襄王的逝世讓東方六國看到了存活的機會。各國紛紛派使節前來弔喪，趁機巴結秦國新君。韓桓惠王（？到西元前二三九年，西元前二七二年到前二三九年在位）甚至穿著一身重孝，以臣子之禮前來弔唁。

這一年，安國君尚未登基便冊封華陽夫人為王后，立公子子楚為太子。子楚這才想起被他遺落在趙國的趙姬和趙政母子，想起多年來自己只顧著為王儲之位奔忙，全然沒有顧上他們母子的死活。想到這裡，子楚內心悲傷不已，立即聯絡曾在趙國的朋友，請他們幫助打聽趙政的下落。

自邯鄲之圍後，秦、趙兩國間的和平維持了很長時間，趙孝成王自然希望這種局面能夠持續下去。如今，他見昔日在趙國為質的異人已經貴為秦國太子，心中不免憂慮。想起當初異人在趙國受到的虐待，趙孝成王膽戰心寒，生怕他將來登上王位會伺機報復。

趙孝成王正愁沒有辦法巴結異人時，異人卻主動向趙國求助。此時他自然不敢怠慢，立即請人將趙政母子請到王宮，好生伺候。

西元前二五〇年秋，趙政和母親趙姬登上了趙王為他們準備的馬車，向咸陽進發了。一路上，趙姬心花怒放，喜不自勝。而八歲的趙政則靜靜扒著車窗，望著外面的風景。他的內心波瀾起伏，久久不能平靜。所謂「三十年河東，三十年河西」，想起昔日在趙國受到的種種屈辱，再看看今日所受到的禮遇，趙政明白了一件事情：大丈夫立於天地間，切不可手中無權。

趙政暗暗發誓，將來一定要登上秦國的王位，指揮千軍萬馬踏平趙國，將那些曾經侮辱過他的人統統殺掉。在戰爭頻繁的年代，一個飽受屈辱的貴族少年產生這樣的想法似乎也在情理之中，但仍不免太陰暗了。

馬車在曠野中行駛了一個多月才到達咸陽。一下車，趙政就發現，與趙國的都城邯鄲相比，咸陽繁華多了。咸陽是商鞅變法時期創建的一座新型都城，當時是按照東方的魯、衛等國都城的形制建造的。經過幾代君主的開發與經營，到秦昭襄王末年，咸陽已經成為一個名副其實的國際大都會了。後世有一個說法，「天下財富十分之六聚集在關中，而關中十分之七八的財富則聚集在咸陽城內」，由此可見咸陽的繁華程度。

與邯鄲更加不同的是，咸陽街頭根本沒有全副武裝的士兵，也沒有不停駛向前線的戰車，街頭沒有發臭的屍體，城外也沒有肆虐的野狗。早已習慣哀嚎遍野、刀光劍影的趙政一下子還適應不過來。他抬眼望了望趙姬，忽然問道：

「母親，咸陽怎麼不打仗啊？」

趙姬摸了摸兒子的頭，說：

「小孩子不要亂說話。」

前來迎接趙政母子的大臣走上前來，深深一躬，微笑著說道：

「啟稟王孫，是這麼回事。普天之下，放眼望去，根本沒有一個國家有實力來攻打我們的咸陽城。當然，也沒有人敢這麼做。東方六國的諸侯們個個對我們服服帖帖，怎敢妄動刀兵呢？」

趙政揮了揮手，讓大臣抬起頭來，天真問道：

「那只有我大秦去打別人咯？」

大臣忙道：

「這是自然。」

趙政緩緩說道：

「如此說來，我報仇之日不遠了！」

大臣問：

「王孫要報什麼仇？」

趙政大聲說道：

「我要攻打趙國，將那些欺負過我的人全部殺掉！」

趙政此言一出，護送他們來咸陽的趙國使臣嚇得冷汗直冒，心裡直呼：

「這可怎麼是好！這可怎麼是好！」

那位秦國的大臣斜眼看了看趙國的使臣，又轉身對趙政說：

「請王孫放心，這一天不會太遠的。」

## （四）

回到咸陽之後，趙政母子便隨同子楚住在太子宮裡。子楚一邊請名師教導趙政，一邊積極協助安國君處理政事。西元前二五〇年，安國君正式登基為王，史稱秦孝文王。然而沒想到的是，秦孝文王登基剛剛三天便死去了。因此，子楚順利登基為王，史稱秦莊襄王。

子楚登基後，立即尊華陽夫人為太后，生母夏姬為夏太后，立趙姬為王后，立趙政為太子。

秦孝文王的突然去世大大縮短了趙政與秦國最高權力之間的距離，也為他登上秦國的王位提供了絕佳的政治機緣。如果秦孝文王也像秦昭襄王那樣，把持政權長達幾十年，趙政能否在歷史發展的關鍵時刻登上政治舞台就很難說了。

不過，秦莊襄王的繼位也在無形中為趙政將來獨掌大權設置了一道障礙，這道障礙便是呂不韋。莊襄王沒有忘記他曾經對呂不韋許下的諾言。剛剛登上王位，他便任命呂不韋為相國，統領群臣。

至此，呂不韋的政治投資得到了豐厚的回報，而且正如他的父親所說的那樣，其利潤不可以用數位衡量。在先秦時期，乃至整個封建社會，商人雖然富甲天下，但卻沒有社會地位，不得干政。呂不韋雖然登上了相位，但對秦國卻沒有尺寸之功，群臣不服。所以，他一上位便勸說莊襄王大赦天下，重賞先王的功臣，拉攏民心。

呂不韋的這一招很高明，說明他不但是一個頗有眼光的商人，也是一個出色的政治家。他明白，政治的基礎是民心，得民心者得天下。所以，他先勸說莊襄王緩和國內的各種矛盾，然後再將矛頭指向國外，統一天下。

經過一年多的苦心經營，莊襄王贏得了民心，呂不韋的政治地位也穩固了。西元前二四九年的一天，呂不韋來到咸陽王宮面見莊襄王。兩位老朋友相見，君臣間的繁文縟節能免的都免了。剛一見面，呂不韋就說：

「大王，西周彈丸之地已被令祖昭襄王所收，周赧王（？到西元前二五六年，西元前三一四到二五五年在位）業已在落魄中鬱鬱而死，如今東周之地無主，我們何不趁機取之？」

呂不韋這裡所說的西周和東周並非歷史學家對周朝歷史劃分意義上的西周和東周，而是指周赧王時期一分為二的周王室領地。東、西周分別為東周公和西周公統治。西元前二五六年，秦昭襄王攻滅了西周，周赧王蜷縮在東周苟延殘喘。秦昭襄王輕而易舉收了象徵王權的九鼎和其他珍寶，又把西周公遷離西周，軟禁起來。

莊襄王繼位的第二年，秦國國力和兵力都得到了極大的恢復，國庫充盈，兵強馬壯。呂不韋雄心頓起，想一舉滅掉東周，為將來統一東方六國奠定基礎。東周地域雖小，但地理位置十分優越，它就像一根楔子一樣，深深嵌入韓、趙、魏三國的腹地。

莊襄王聽完呂不韋的敘述，沉思了片刻，回答說：

「既然相國已經拿定主意，就依計而行吧！」

## 第三章 不同尋常的童年

（四）

不久，呂不韋便親率大軍直奔東周而去，輕而易舉占領了周王室領地河南（即王城，今河南省洛陽市西北）、洛陽、穀城（今河南省新安縣）、平陰（今河南省孟津縣）、偃師（今河南省偃師市）等地。從此，秦國的領土便像一把尖刀一樣，直插韓、趙、魏三國的心臟地區。

呂不韋滅周的消息傳到咸陽之後，莊襄王大喜，立即冊封他為文信侯，並將洛陽的十萬戶作為他的食邑。

緊接著，秦國大將蒙驁又率部攻占了韓國的成皋（今河南省虎牢關）、滎陽（今河南省滎陽市）等地。莊襄王遂將這些土地連同周王室的領地合併在一起，建立了三川郡。如此一來，韓、魏兩國都岌岌可危了。韓國失去了大片領地，已經完全淪為秦國的附屬國；而魏國的都城大梁（今河南省開封市）也暴露在秦國的兵鋒之下。

# 第四章　少年時代登上王位

有為漢一朝之皇帝者，高祖是也；有為中國二十四朝之皇帝者，秦皇、漢武是也。

——（清）夏曾佑

## (一)

東伐的節節勝利讓莊襄王興奮不已。在東方六國之中，他想首先滅掉趙國，以雪當年之恥。十二歲的趙政也不時在父王面前大談特談自己幼年時所受的屈辱，希望莊襄王早日為自己報仇。呂不韋十分明白兩位主子的心思，因此於西元前二四八年秋集結了數萬大軍，命蒙驁為將，大舉入侵趙國。

與王陵和王齕不同，蒙驁放棄了直搗邯鄲的策略，而是率部繞過邯鄲，橫掃其周邊地區，讓邯鄲成為一座孤城，最後再集中兵力，聚而殲之。蒙驁大軍所向，趙軍紛紛出城投降，太原地區（今山西省西北部）和其附近的三十七座城池很快就被列在秦國的版圖上了。

西元前二四七年，秦將王齕又率部掃平了上黨地區的趙軍殘部，將其與蒙驁攻占的土地連成一片。莊襄王又設立太原郡，並派大軍駐守，準備直搗邯鄲。

然而就在滅趙指日可待之時，呂不韋卻不知為何突然改變了主意，勸說莊襄王調轉矛頭，對準同樣岌岌可危的魏國。

莊襄王同樣聽從了呂不韋的建議，任命蒙驁為大將，統帥駐紮在上黨地區的秦軍，掉頭向南攻擊，直逼大梁。魏安釐王（？到西元前二四三年，西元前二七六年到前二四三年在位）十分驚恐，立即派人前往趙國去請信陵君魏無忌。

在邯鄲之圍時，信陵君雖然率部趕走了秦軍，但因竊取虎符，殺了魏國大將晉鄙，也犯下了大罪。邯鄲之戰後，信陵君便留在趙國。這次聽說魏王派人請他回國，就預先警告手下的人說：

「誰敢為魏國的使者通風報信，我就殺了誰！」

信陵君的門客中不乏忠勇之士。他門下就有一個酷愛賭博的毛公和做小生意的薛公，這兩人都是非常有見識的人。他們聽說信陵君拒絕返回魏國，便冒死相諫：

「公子之所以名重各國，其根本原因是由於您的背後有一個強大的魏國。現在魏國危在旦夕，公子卻毫不在意。一旦秦軍攻克大梁，夷平了魏國王室的宗廟，公子您還有什麼臉面正視天下人呢？」

兩人的話還沒有說完，信陵君魏無忌便滿面羞慚登上了馬車，直奔大梁而去。據史書記載，魏王見到弟弟後，老遠就淚流滿面迎了上去，與他相擁而泣。隨後，魏王任命信陵君為上將軍，率統魏軍，準備迎敵。信陵君一邊分析軍情，一邊派使者趕赴東方各國求援。各國聞知信陵君準備再次與秦軍大戰一場，紛紛響應。信陵君率燕、趙、韓、楚、魏五國聯軍主動西向出擊。

蒙驁沒有料到信陵君會主動出擊，被打得措手不及，只好下令西撤。信陵君抓住有利時機，命部隊緊追不捨，一直追到函谷關才甘休。

蒙驁敗退的消息傳到咸陽之後，莊襄王和呂不韋都大吃一驚。莊襄王板著臉，突然咆哮起來：

「魏無忌啊，魏無忌！此人不死，我秦國的統一大業便無法完成！」

呂不韋接著說：

「大王所言極是。魏無忌在東方各國中威望極高，他振臂一呼，東方各國無不回應。我們只有先除掉他，方能完成萬世霸業。」

莊襄王看了看呂不韋，問：

「相國有何妙計？」

呂不韋從袖中掏出一錠金子，狡黠一笑，回答說：

「大王請看，臣手中是何物？」

莊襄王看了看，大笑不止，連聲道：

「好！好！真是妙計，真是妙計！」

呂不韋深深一躬，說道：

「大王過獎了！臣出身商人，自然知道金錢的用處。」

莊襄王點了點頭，突然咳嗽起來，越咳越厲害，最後竟然咳出幾滴血來。呂不韋一見，大驚失色：

「大王保證身體，臣這就去請名醫。」

莊襄王搖了搖手，回答說：

「不必了，老毛病，休息一下就沒事了。」

## (二)

莊襄王與呂不韋商定後，便派使者攜帶黃金萬斤前往魏國，賄賂信陵君的仇人晉鄙的門客。晉鄙的門客們正愁沒有辦法為主人報仇，如今莊襄王和呂不韋為他們想好了辦法，而且還有黃金可拿，他們自然萬分高興。因此，他們開始在公開場合宣稱：

「信陵君在外流亡近十年，現在被魏王任命為上將軍，東方各國的將領都歸他統轄。我聽說，東方各國的諸侯們只知道魏國有信陵君，而不知道有魏王。」

另一些人乾脆宣稱：

「信陵君有南面而王之心。東方各國的諸侯們害怕他的威望，也有立他為魏王的想法。」

這些話很快就傳到了魏王的耳朵裡。當初他拜信陵君為上將軍，主要是因為秦國大軍壓境。如今秦兵已退，而信陵君手中依然握有重兵，魏王本來就有些不悅。在聽到這些傳言後，魏王的疑心更加重了，甚至派人悄悄監視信陵君的行蹤。

恰在此時，莊襄王又幾次派人大張旗鼓向信陵君表示祝賀，問他是否已經做了魏王。魏王終於坐不住了，他當即把信陵君召入王宮，以種種理由剝奪了他的兵權。信陵君沒想到自己的親兄弟居然會聽信讒言，罷免自己的兵權，十分傷心。從此之後，他便託病不出，日日飲酒作樂，且多近女色。四年之後，信陵君終因縱情酒色患病而亡。

就在魏王剝奪信陵君兵權之時，莊襄王突然一病不起。五月的一天，呂不韋和趙政急匆匆趕到王宮，來到莊襄王的臥榻之側。躺在榻上的莊襄王骨瘦如柴，面如土色，眼睛已經睜不開了，顯然已病入膏肓。趙姬和眾位妃嬪都流著淚站在一旁，默然無語。

趙政「撲通」一聲跪在莊襄王的臥榻前，哭道：

「父王，父王，您看看政兒啊！」

莊襄王有氣無力睜開眼睛，見呂不韋和趙政已來到榻前，便向他們招招手，示意他們再靠近些。趙政和呂不韋聽從莊襄王的吩咐，向前移了移。莊襄王有氣無力的說：

「寡人命薄，在趙國為質多年無病無災，一旦登上王位，才三年有餘就已病入膏肓了。政兒，我馬上就要死了，你要當一個好大王，別忘了列祖列宗一統天下的霸業！」

趙政抹了抹眼淚，堅定回答：

「請父王放心，孩兒一定踏平東方六國！」

莊襄王微笑著點了點頭，連聲道：

「好，好……」

接著，莊襄王將目光轉向呂不韋道：

「寡人之所以能登上王位，多虧相國的謀劃。如今寡人將逝，希望相國能像輔佐寡人一樣輔佐政兒。」

呂不韋忙回答：

「輔佐君王成就萬世之業本來是臣子義不容辭的責任。即使大王不吩咐，臣也會盡心盡力輔佐太子的。」

莊襄王又將目光轉向趙政，吃力的說：

「政兒，父王死後，你要像對待父王一樣對待相國。從現在起，相國就是你的仲父，快拜見仲父。」

趙政轉身面向呂不韋，深深一躬，口中道：

「趙政拜見仲父。」

呂不韋忙還禮道：

「臣不敢當！」

趙政說：「仲父不要推辭！」

莊襄王也說：

「相國實為寡人之師。如果沒有相國，焉有寡人和政兒的今天？政兒稱相國一聲『仲父』又有何不可呢？」

在莊襄王和趙政的再三堅持下，呂不韋受了趙政的大禮，做了他的仲父。幾個時辰後，莊襄王便駕崩了。

## (三)

秦莊襄王英年早逝為趙政登上秦國的王位提供了機會。但是，莊襄王病逝之時，趙政只有十二歲，要一個十二歲的孩子掌管一個龐大的國家機器，其難度可想而知。

西元前二四六年，趙政為莊襄王守喪一年之後，順理成章登上了秦國的王位，尊趙姬為太后。因為年幼，所有的國家大事都由呂不韋決定。年少的秦王政雖然深知權力的重要性，但一時還沒有辦法親政。根據秦國王室的律法，國家的一切公文都要蓋上秦王和太后兩人的印璽，直到秦王政親政為止。

也就是說，在秦王親政之前，太后要有攝政之權。然則，太后趙姬似乎並沒有什麼政治才能。因此，秦國的軍政大權很快就落入相國呂不韋的手中。

年少的秦王嬴政曾認為，在登上王位之後，自己便可以無拘無束，想要幹什麼就幹什麼了。但他很快發現，這只不過是自己的一廂情願而已。有一天夜裡，秦王政做了一個夢，夢到當初在趙國為質時所受的種種欺凌。他在夢裡跑啊逃啊，但始終無法擺脫那幫無賴。突然，他想到自己已是秦王，便大喝一聲：

「大膽，竟敢對寡人無理！來人吶，將這些無賴推出去斬首！」

太監們聽到秦王政的喊聲，急忙衝進寢宮，驚慌失措問道：

「大王，有何吩咐？」

## 第四章 少年時代登上王位
（三）

秦王政從榻上坐起來，見自己身處寢宮，方知剛才不過做了一個噩夢而已。不過，他卻不想將這樣的夢再繼續下去了。

第二天一早，秦王政便早早來到朝堂之上，召集王公大臣們商議國事。一員大臣上前深深一躬，然後問道：

「大王召集臣下有何要事？」

秦王政大聲說道：

「我要發兵攻趙，諸位看誰可為將？」

眾臣一聽，紛紛將目光集中到呂不韋的身上。而呂不韋則面不改色站在眾臣之首，微微動了動嘴唇，緩緩說道：

「大王，發兵攻趙之事可曾與太后商議？」

秦王政大聲說道：

「我是大王！我說要攻趙，就要攻趙！」

呂不韋向秦王政拱了拱手，冷冷的說：

「大王，發兵攻趙事關社稷安危，不得不慎重考慮。先王駕崩不久，大秦四境不寧，不可妄動刀兵。依臣之見，發兵伐趙之事暫且擱置不議，待臣向太后稟報之後再議不遲。」

秦王政嘟噥著嘴，不滿說：

「仲父說怎麼辦就怎麼辦吧！」

自此之後，秦王政便明白了，當上大王沒有實權也等於一個擺設。於是，這個十三歲的少年便開始暗暗籌畫怎樣才能當上一個名符其實的大王。

不過，呂不韋雖然專權，但並不亂政，可以稱得上是一代名相。秦王政繼位之初，秦國的形勢確實不樂觀。當時，秦軍剛剛受到信陵君的挫抑，接著太原郡又在趙國的策反下爆發了叛亂。呂不韋立即命令大將蒙驁率部前往太原郡平叛。當時，信陵君魏無忌已經被魏王罷免了兵權，東方六國之中已經無人敢與秦軍對陣了。所以，太原郡的叛亂也很快就被壓了下去。

秦王政繼位之初，東方六國都想方設法削弱秦國的實力，盡量延遲秦軍東進的步伐。韓桓惠王甚至想了一個非常拙劣的辦法，即勸說呂不韋開渠治水，興修水利。關東地區雖然富庶，但卻終年少雨，對農業發展十分不利。韓桓惠王利用這一點，派韓國著名的水工鄭國西入咸陽，遊說秦國在涇水和渭水支流洛水之間開鑿一條大型灌溉管道。從表面上看，韓桓惠王是為了發展秦國的農業，但實際上，他的真實目的是要耗竭秦國的國力。

令韓桓惠王沒有想到的是，呂不韋欣然接受了鄭國的建議，發動數十萬人前去興修水利。結果，這一浩大的工程雖然在一定程度上消耗了秦國的國庫，但卻為秦國的農業發展提供了極大的便利。因為開鑿鄭國渠而耗費的錢糧很快就被收了上來，而且後勁十足。

此後，呂不韋一邊逐步對東方六國用兵，攻城掠地，一邊延攬各國的人才。戰國後期，各國統治者都把延攬人才視為爭奪天下的重要措施，紛紛致力於招攬人才。當時，魏國的信陵君、楚國的春申君、趙國的平原君和齊國的孟嘗君，其門下的食客皆有數千人之多。秦國是天下霸主，呂不韋貴為秦國的相國和秦王的仲父，怎能連東方諸國的公子都不如呢？於是乎，他廣招人才，並編著了著名的《呂氏春秋》。

據說，呂不韋編著這本書的用意就是藉以教誨秦王政如何治理天下。從後來的歷史事實看，呂不韋的目的並沒有完全實現，但在政治、經濟、思想和文化逐步走向統一的大背景下，《呂氏春秋》中提及的統一思想方案確實有助於各諸侯國的人民在思想文化上消除對彼此的敵意，從而促進大一統的歷史進程。

# 第五章　太后寵臣弄權

始皇時代之法制，實具偉大之精神，以一政府而統制方數千里之中國，是固國家形式之進化，抑亦其時思想之進化也。

——（近代）柳翼謀

## (一)

日月流轉，時光飛逝，秦王政一天天長大，秦國的版圖也在呂不韋的苦心經營下一天天擴大。到西元前二四二年，秦軍在大將蒙驁等人的率領下，攻占了韓、趙、魏三國數十座城池，並將其連成一片設置東郡。至此，秦國的領地已經與齊國接壤了。東方六國大致被分割為南北兩部分，各國之間的聯繫由此阻斷。

西元前二四一年，即秦王政七年，由楚國牽頭，楚、趙、魏、韓、衛等國組織了最後一次合縱，發兵攻秦。此時，十八歲的秦王政已開始逐步接觸朝政。在他與呂不韋的指揮下，秦軍在函谷關一帶與五國聯軍展開激戰。結果，五國之師迅速潰敗，最後一次合縱也以悲劇收場。

在擊敗諸侯聯軍之後，秦軍又乘勝攻取了魏的朝歌（今河南省淇縣）和濮陽，直逼魏都大梁，迫使魏安釐王遷都於野王（今河南省沁陽），保守魏國的河內地區。楚國國度陳（今河南省淮陽）也遭到了極大的威脅，楚考烈王（？到西元前二三八年，西元前二六二到前二三八年在位）不得不把都城南遷至壽春（今安徽省壽縣）。從此之後，東方六國便分奔離析了，諸侯間相互救援的合縱也被徹底瓦解。

隨著秦國的實力一日日增強和秦王政一天天長大，秦國內部的矛盾也開始顯露出來。首先是秦王政的弟弟長安君成蛟叛秦降趙。由於史書記載不詳，現在已無法考證成蛟在叛亂之前的事跡。至於成蛟叛

## 第五章 太后寵臣弄權

（一）

亂的原因，史書上語焉不詳。歷史學家推測，成蛟之亂很可能與秦國的王位之爭有關。

成蛟大約出生在西元前二四六年到前二四五年之間，即莊襄王在逃離趙國之後，寵幸側夫人所生。從理論上講，趙政是子楚的正夫人、即後來的王后所生，是名副其實的嫡子和長子，擁有無可爭議的王位繼承權。父死子繼、立嫡立長的君位繼承制度早在西周時代就已經確立了。根據這一原則，只有在一國之君沒有嫡子的情況下，才能選立庶子。當初，秦孝文王正是因為王后華陽夫人才選立了庶子子楚。

從這一點來看，秦王政的王權具有無可爭議的合法性。更何況，他是莊襄王親自冊立的太子，又是莊襄王在臨終時明確指定的繼承人。既然如此，秦王室又怎麼會爆發王位之爭呢？根據史書語焉不詳的記載大致可推測出，這極有可能與莊襄王、呂不韋及趙太后三人之間錯綜複雜的關係有關。

莊襄王駕崩之時，趙太后的年齡只有三十歲左右，正是一個女人兼具美貌、成熟、知性的絕佳年齡。要一個女人在這個年齡上安心守寡本就是一件比較困難的事，更何況趙太后此時已享盡天下榮華，大權在握，是天下權勢最大的人了。然而，她卻又不得不獨處深宮，忍受著無盡的寂寞。

夫君英年早逝，而昔日的夫君呂不韋卻又經常在眼前晃來晃去，年輕的趙太后想靜心都難。而呂不韋本來又是個精於算計、貪圖享樂的商人，定然做不到修己以齊人，也做不到潔身以自好。根據《史記·

呂不韋列傳》記載，趙太后經常在後宮召見呂不韋，並伺機與發生不軌之事。

然而，天下沒有不透風的牆，即便趙太后與呂不韋兩人大權在握，人們不敢當面議論他們的醜行，但風言風語依然在秦宮，乃至咸陽傳開了。今日的趙太后已與往日的趙姬完全不同。在趙國之時，趙姬充其量也不過是一個富貴人家的小姐，即便有些不守禮制之為也無傷大雅；但現在她已經是一位母儀天下的太后了，秦國上下無論如何也無法接受一個品行不端的太后。

此時，一天天長大的秦王政對成人之事也已略有所知。貴為一國之君，自己的母親與大臣私通，臉面何存呢？每天在朝堂之上看見呂不韋，秦王政都想殺了他，以正天下人的視聽。但他此刻尚未親政，手中無權，暫時還不具備剷除呂不韋的條件。所以，他只能在隱忍中等待良機。

## (二)

西元前二四〇年的一天，秦王政獨自在書房閱讀《呂氏春秋》，學習王霸之術。先秦時期，各國諸侯基本上都是從馬背上取得天下的，對自身的文化教育普遍不夠重視。秦王政也是如此。他不喜歡看書，更不喜歡呂不韋為他編寫的《呂氏春秋》。

秦王政看著看著，突然聽到窗外有人在竊竊私語。秦王政悄聲走到牆根，只聽兩位太監小聲在議論著呂不韋與趙太后的事。

只聽一人低聲說：

「外面有傳言說，太后與相國經常在後宮私通，甚至有人說大王並非先王之子，而是相國的兒子。」

另一人急忙低聲制止他說：

「這種話說不得，小心項上人頭！」

那人「嘿嘿」一笑，滿不在乎說：

「怕什麼？大王年幼，太后與相國主政。即便大王知道了這些事情，恐怕也無可奈何！」

秦王政越聽越氣，轉身走到房間拿起寶劍，氣勢洶洶衝了出去。兩位太監一見秦王政手握寶劍，轉身想逃，但哪裡還來得及。秦王政手起劍落，其中的一位太監已被砍倒在地。另一位太監見狀，急忙跪在地上，哀求道：

「大王饒命！」

秦王政怒斥道：

「饒你一條狗命有何用，難道讓你繼續嚼舌根嗎？」

太監見命已不保，冷笑道：

「大王可以殺我一人，卻殺不盡天下人！」

秦王政舉起寶劍，想要砍下去。那位太監站起來，冷冷說：

「不必大王費力了！」

秦王政還沒有反應過來，那名太監便一把握住劍刃，用力刺進自己的胸膛。秦王政鬆開手，那名太監的屍體頹然倒地，寶劍插在他的胸膛上，鮮血汩汩而流。

愣了半天，秦王政才大喝一聲：

「來人吶，有人要刺殺寡人！」

幾名侍衛聞聲而至，伏地請罪道：

「我等失職，請大王饒命！」

秦王政揮了揮手：

「罷了，罷了！把這兩個狗賊的屍體搬出去吧！」

那名太監說得很對，秦王政可以殺一人，卻殺不盡天下人。趙太后與相國呂不韋私通之事已漸漸傳開，甚至有人在暗地裡繪聲繪色講述呂不韋、趙姬和莊襄王在趙國時的緋聞。人們紛紛說，秦王政並不是莊襄王之子，而是呂不韋的兒子。為謀求秦國的君位，呂不韋先讓趙姬懷上身孕，然後又故意安排她與莊襄王相見，勾引莊襄王。後來，莊襄王娶了趙姬，但趙姬所生的趙政卻非莊襄王之子。

# 第五章 太后寵臣弄權
## （二）

那麼，秦王政的親生父親到底是誰呢？關於這一點，歷史學家們給出的觀點也不一致，就連司馬遷在《史記》中的記載都有自相矛盾之處。一部分史學家認為，秦王政確實是莊襄王之子；但也有一部分史學家認為，並不排除呂不韋是秦王政之父的可能性。

近年來，大部分史學家都傾向於認可前一觀點，即莊襄王才是秦王政的親生父親。但歷史真相到底是怎樣的呢？由於缺乏可信的史料，這一點只能暫且存疑。

不過在當時，咸陽街頭的傳言給秦王政帶來了不小的麻煩。如果真如傳言所說，他的生身父親是呂不韋的話，那麼他手中的王權便失去了合法性。也就是說，他必須退位，將王位讓給在血統上更加純淨的弟弟長安君成蛟。

此時的長安君成蛟已經十六七歲，不可能聽不到街頭巷尾的那些傳言。這些傳言對覬覦王位的成蛟而言是十分有利的。從此之後，成蛟便開始暗暗積蓄力量，等待良機，以便將秦王政從王位上拉下來，取而代之。

## (三)

隨著秦王政一天天長大和秦國王室內部矛盾的顯現，老謀深算的呂不韋也意識到了自身所面臨的危險。深諳商道和政道的他深深懂得「人無遠慮，必有近憂」的至理名言。他知道，秦王政不會不知道他與太后私通的事。秦王政可能是礙於臉面，也可能是實力不足，才暫時沒有與自己撕破臉皮。一旦秦王政追究起來，他呂不韋豈有活命之理？想到這裡，呂不韋便感到不寒而慄。

再者，呂不韋已不是當初那個家財萬貫的商人了，他現在是堂堂大秦王朝的相國，再做那種偷偷摸摸的苟且之事也太有損顏面。當初他之所以進入後宮與太后私通，很大程度上是考慮政治需求，但政治需求與性命比起來就顯得不足掛齒了。

想到這裡，呂不韋便開始謀劃擺脫趙太后的辦法了。俗話說，「辦法總比困難多」，深諳商道和政道的呂不韋當然明白這個道理。

一天傍晚，呂不韋到客房查看門客們編寫的《呂氏春秋》。剛到堂前，他就聽到一陣笑聲從裡面傳來。

呂不韋推門而入，門客們止住笑聲，轉向呂不韋，深深一躬，紛紛問候：

「拜見相國。」

呂不韋一邊揮手示意眾人起身，一邊笑著問道：

「有什麼開心的事情，何不說出來讓本相也開心開心？」

## 第五章　太后寵臣弄權
（三）

一位門客向呂不韋拱了拱手，說道：

「啟稟相國，剛才小人在說近日京郊發生的一件趣事。」

「什麼趣事？」呂不韋問道。

門客回答說：

「有一個名叫嫪毐的大陰人在京郊表演轉動車輪的絕技。」

「大陰人？你可親眼看到了？」

「小人不敢欺騙相國！」門口回答說。

正所謂「言者無心，聽者有意」。呂不韋一聽「大陰人嫪毐」，心中便產生了一個惡毒的計畫。在回到相府之後，呂不韋立即著人去查詢嫪毐的蹤跡，希望將其納入門下。

由於史書記載不詳，現在已無法知曉嫪毐的出身與職業了。不過，從《史記》的記載推測，此人極有可能是一個市井無賴。堂堂大秦王朝的相國派人去找一個市井無賴自然是件再簡單不過的事了。很快，嫪毐就成了呂不韋府上的一名食客。

在呂不韋的巧妙安排下，嫪毐不久就被安排到趙太后宮中。當然，前提是呂不韋假稱嫪毐自願淨身入宮伺候趙太后，但事實上嫪毐並沒有接受腐刑手術。

嫪毐入宮後，趙太后便整日與其私通，連政事也不大過問了。然而不久，太后居然有了身孕，這下子可急壞了嫪毐。太后寡居，嫪毐對外的身分是太監，一旦太后有孕的消息傳出去，恐怕太后宮中的每個人都要丟了性命。

但是，趙太后跟隨莊襄王和呂不韋多年，也不是一個無能之輩。她略一沉思，便想出一個計策來。

第二天，趙太后便請人占卜，詐稱年內將有災禍降臨，太后不宜居住在咸陽宮中。於是，趙太后便派人稟明秦王政，稱自己要到外地避災。

秦王政怎麼會懷疑自己的母親呢？他毫不猶豫同意了趙太后的要求，並派車駕將母親送到秦國故都雍（今陝西省鳳翔縣）的大鄭宮居住。

趙太后到大鄭宮居住名為避災，實際上是為了產下腹中的胎兒。時光荏苒，轉眼數月過去了，趙太后在雍順利產下一子。孩子滿月後，趙太后便返回了咸陽。

嫪毐知道自己有了兒子，高興得手舞足蹈，不能自已。與呂不韋不同的是，嫪毐出身市井，而今又得到太后的寵愛，並與太后了兒子，權力欲不禁膨脹起來。因此，他開始頻頻向趙太后提出特種要求。而趙太后因為與嫪毐有了兒子，對嫪毐自然也是滿意的，所以也一再滿足嫪毐的要求。嫪毐的權力急劇膨脹，門下的食客多達數千人，很快就達到了可與呂不韋相抗衡的地步。

西元前二三九年初，在趙太后的一手策劃下，嫪毐被秦王政封為長信侯，並賜給山陽（今河南省焦作市山陽區附近），讓他居住。不久，趙太后又把河西的太原郡封給嫪毐，作為他的封國。

此時，趙太后再度懷孕。於是，她與嫪毐故技重施，再度前往大鄭宮居住。與上次不同的是，嫪毐此時已經掌握了朝中大權，朝中大事皆由他定奪了。

秦王政本來就整日憂心不已，天天想著怎樣除掉呂不韋。現在不僅呂不韋沒有除掉，突然又多了一個嫪毐。而呂不韋也感到了來自嫪毐的威脅。當初，他把嫪毐獻給太后不過是想藉機脫身，沒想到這個市井無賴居然在太后的寵幸之下，迅速攫取了朝中大權。更何況，沒有受過什麼教育，也沒有什麼政治頭腦的嫪毐根本不知道如何治理國家。無論是對百姓，還是對朝中的大臣而言，嫪毐專權都不是什麼好事。如果繼續發展下去，他的專權只能以亂政收場。

然而，小人得志的嫪毐並不在乎這些。他依然不擇手段、無休止攫取權勢，甚至變得目中無人、作威作福起來。有一次，嫪毐與秦王政的親隨飲酒作樂。喝著喝著，眾人便都有了幾分酒意。不知為何，嫪毐突然與一名大臣發生了口角。嫪毐藉著酒意，大聲斥罵道：

「我是秦王的『假父』，你竟敢跟我對抗，難道是活得不耐煩了嗎？」

那名大臣自知不是嫪毐的對手，便悻悻離開了。

不久，嫪毐自稱為秦王「假父」的事情便傳到了秦王政的耳朵裡。所謂「假父」，用現在的話來說就是繼父。嫪毐居然自稱為自己的繼父，秦王政怎能不震怒呢？於是他打定主意，一定要靜候良機，一舉剷除嫪毐。

# 第六章　平定嫪毐之亂

秦始皇，向來都說他是暴君，把他的好處一筆抹殺了，其實這是冤枉的。他的政治實在是抱有一種偉大的理想的。

——（近代）呂思勉

## (一)

就在嫪毐專權亂政之時，成蛟也加快了奪權的步伐。他知道，秦國由趙太后、嫪毐和呂不韋掌政，利用和平手段將秦王政趕下王位的可能性不大。擺在他面前的只有一條路，就是聯合東方諸國，武裝暴動。武裝暴動需要兵權，但當時只有秦王政和趙太后聯合下諭方能調動部隊。也就是說，他只有從秦王政和趙太后的手中騙得兵權後，才有可能實施他的奪權計畫。

西元前二三九年，趙孝成王之子趙悼襄王（？到西元前二三六年，西元前二四四到前二三六年在位）派人策反上黨郡，並誅殺秦國派去的官吏。消息傳到咸陽後，秦國上下一片震怒，嚴懲趙國之聲不絕於耳。呂不韋向秦王政建議，立即派兵伐趙，並蕩平太原郡的叛軍。

秦王政略一思考，便說道：

「寡人也有伐趙之心。那麼仲父以為派誰為將最合適呢？寡人暫時還沒有找出合適的人選。」

當時，秦昭襄王時期的大將白起、王陵、王齕等人已經去世多年，莊襄王之時的大將蒙驁也已病逝。放眼望去，整個朝堂之上已經找不出可領兵出征的將領了。呂不韋沉思片晌，也沒有找出合適人選。

在這種情況下，成蛟突然來到咸陽拜見秦王政和趙太后。出發之前，他已與近臣祕密商議了騙得兵權的計畫。所以在朝堂之上，成蛟向秦王政深深一躬，朗聲說道：

# 第六章 平定嫪毐之亂

## (一)

「自從王兄即位以來，四海升平，然而趙國卻多次趁父王駕崩、王兄年幼之際挑撥太原郡謀反，損我大秦天威。如今距王兄親政之日已經不遠了，臣弟願親率一支大軍前往伐趙，以震我大秦天威。」

秦王政看了看成蛟，說道：

「長安君所言極是，寡人也有伐趙之心。只不過，此事事關重大，寡人還需再思量思量。」

成蛟請兵伐趙自然是符合秦王政心願的，但他為什麼沒有馬上答應呢？一方面，秦王政還沒有親政，這麼重要的事情他還無法單獨做出決定；其次，他必須時時防範弟弟們，尤其是長安君成蛟擁兵自重。成蛟既然有推翻秦王政的野心，自然不會是一個平庸之人。

當晚，秦王政便單獨召見呂不韋，問他是否可以委成蛟以大任。呂不韋思量半晌，說道：

「如今朝中無將可用，與其任命那些平庸之輩為將，倒不如派長安君領兵伐趙，他確是王室之中最有能力的公子了。」

秦王政冷冷盯著呂不韋，問道：

「為何這樣說？」

呂不韋回答說：

「任命無能之將不但不能成就大事，反而易生禍患。長安君雖然年幼，但卻有大將之才。」

秦王政轉身面向秦國的地形圖，沉默不語。呂不韋立即猜到了他的心思，低聲說道：

「趙國疲弱，無需太多兵力。我大秦有精兵百萬，撥給長安君十萬士卒對大局不會有礙。」

「既然仲父決定了，那就這麼辦吧。明日我就稟明太后，任命成蛟為將，率部伐趙。」秦王政應允道。

一切準備停當之後，秦王政便在咸陽城外舉行了盛大的閱兵和拜將儀式。在大校場上，十萬精兵整齊排列著，連一絲聲息都沒有，只有各色旗幟隨風翻轉時發出的「烈烈」之聲。成蛟頭戴銅盔，全身甲冑，站在秦王政的身邊。

秦王政從僕從手中接過寶劍，向空中一指，士卒們齊聲高呼：

「萬歲！萬歲！萬歲！」

寶劍落下，「萬歲」之聲驟然而停。秦王政微笑著轉向成蛟，把寶劍插入劍鞘，將其解下，遞給成蛟。成蛟拜倒在地，雙手接過寶劍，高高舉在頭頂。

隨後，秦王政又轉向大校場，大聲宣布：

「將軍此去，責任重大，特賜此劍，以示託付，國內自有寡人治之，國外之事皆憑將軍定奪！」

## (二)

閱兵式結束後，成蛟便率領著大軍浩浩蕩蕩出發了，秦王政親自將成蛟送到灞橋長亭，以示重視。

但回到宮中之後，秦王政開始日日惴惴不安。半月之後，前線傳來消息，說成蛟所部在屯留（今山西省屯留縣）被趙軍所圍，形勢十分危急。秦王政立即召集眾臣，商議對策。

眾臣剛到朝堂之上，秦王政便先發制人問呂不韋：

「仲父，長安君在屯留被圍，你可知道？」

「老臣正在謀劃，準備營救長安君。」

「謀劃？」秦王政大怒道，「你是怎樣謀劃的？」

近來，呂不韋已經敏銳意識到，秦王政在向他施壓，準備親政了。不久前便有大臣向呂不韋提及，按照虛歲計算，秦王政已經年滿二十歲，該舉行弱冠禮了。這讓呂不韋深感不安，急忙召集門客商議對策。按照西周的禮制，男子二十歲就要舉行弱冠禮，即成人禮。這就意味著：在舉行弱冠禮之後，秦王政就可以親政了；這也意味著：呂不韋專權的時代就要結束了。

呂不韋的門客中不乏聰明之人，他們向呂不韋建議說：

「相國可以說，周禮男子二十而冠，乃是按照實足年齡計算的。按照實足年齡算，秦王只有十九歲，尚不可行弱冠之禮。」

雖然秦王政舉行弱冠之禮是遲早的事，但呂不韋也想能拖一年就拖一年，於是授意那些門客們引經據典力爭，決議將秦王政的成人禮推遲一年。

事情最後鬧到了秦王政那裡，這讓秦王政的內心充滿了憤怒，但他卻仍然微笑著說：

「先前多少年來，也許大家都錯了，現在就照相國所議好了。」

大臣們以為秦王政軟弱，都紛紛搖頭嘆息。實際上，秦王政並不是軟弱，而是在等待良機。當時，他的手中的力量還不足以和呂不韋相抗衡。

如今，秦王政抓住呂不韋救援不力的事實，準備向他發起進攻了。呂不韋沉思半晌，回答說：

「老臣也是最近才接到報告，正要和太后商量，取得軍符以便發兵。」

秦王政大聲道：

「不必了！救兵如救火，豈能一拖再拖！寡人現在就宣布，馬上集結大軍，準備營救長安君。」

呂不韋力爭道：

「大王，按我朝慣例，沒有兵符不得集結大軍。」

秦王政大喝道：

「相國暫時住口！東西是死的，人是活的。況且，軍符本來就是由國君制定，交由將軍使用的。寡人身為一國之君，親自調動軍隊難道還需要軍符嗎？」

## 第六章 平定嫪毐之亂

（二）

秦王政那尖銳的聲音在朝堂之上久久迴旋，像錐子一樣直刺眾人的耳膜。呂不韋還想說什麼，張了張嘴，但終於什麼也沒說出來。

不久，秦王政便集結了數十萬大軍直奔屯留而去。大軍行至半路，前線便傳來消息說，長安君成蛟已經率部降趙，準備組成所謂的秦趙聯軍攻打咸陽，誅殺「呂不韋父子」。趙悼襄王甚至將饒（今河北省饒陽縣）分封給長安君。

消息傳到咸陽之後，秦王政大吃一驚，喃喃說：

「寡人擔心的事到底還是發生了。」

第二天，秦王政便在朝堂之上宣布：

「相國救援不力，致使王弟長安君被迫歸降趙國，本應閉門思過。寡人念及相國年老體衰，且是朝中肱骨之臣，暫且免去責罰。」

呂不韋聽罷，忙上前謝恩。

這時，秦王政又說道：

「王弟長安君成蛟不顧手足之情和君臣之義，公然叛秦降趙，必須予以責罰。大軍之中凡是跟隨王弟降趙者，一律殺無赦！迷途知返者，則既往不咎！」

秦王政公然訓斥呂不韋，又口口聲聲稱成蛟為王弟，旨在向眾人宣告他是莊襄王的嫡子，手中的王權具有無可爭辯的合法性。隨後，秦王政又宣布，原先派去支援成蛟的大軍立即改為討逆之師，前去攻打成蛟所部。

成蛟手中只有十萬軍隊，又與趙軍周旋多日，再加上士卒的父母兄弟大多在秦國，根本不願與秦王政為敵。所以，成蛟之亂很快就被平定了，成蛟也兵敗自殺，其部下大多被斬首示眾。

事件平息之後，秦王政為了向國人展示自己血統的純正性，公開宣布：

「屯留之民實在可恨，三番五次叛亂。如果不是他們叛亂，寡人不會派王弟率部出征；如果王弟不率部出征，他也就不會被趙軍所圍，更不會做出不忠不義之事。寡人決定，將屯留之民全部遷於臨洮（今甘肅省岷縣），以防他們再生事端。」

# （三）

在處理成蛟事件的過程中，秦王政達到了一石二鳥的目的。他既消除了成蛟對他的潛在威脅，又很有分寸削弱了呂不韋的威望。他的老練不但讓東方六國的君主們大為驚恐，就連呂不韋也不得不開始謀劃如何自保了。

但是，不知死活的嫪毐非但不收斂，反而更加肆無忌憚起來。由此，秦王政剷除嫪毐的決心也更加堅決了。

恰在此時，關中地區普降暴雨，黃河氾濫成災，成群結隊湧入渭水的大魚也多被洪水沖上平地。古代人都比較迷信，認為自然災害是上天對人間的警示。為此，秦王政立即請主管天文的官員占卜，以確定吉凶。天文官算了一卦，立即伏在地上，大聲說道：

「大王，不好了！」

「此卦主何事？」秦王政忙問道。

天文官回答說：

「啟稟大王，魚屬陰類，象徵百姓。如今大魚逆流而上，預示著將有人不從王令而行，想要謀反。」

秦王政沉默片晌，朝天文官揮了揮手，示意他退下去。天文官退去之後，秦王政又把身邊的侍從也一一打發走，然後獨自一人去了書房。

面對著牆上的秦國地形圖，秦王政默默站了良久。突然，他拔出懸掛在牆上的寶劍用力揮了去，牆上的地形圖瞬間被劃為兩段。秦王政突然跌坐在榻上，喃喃道：

「我列祖列宗創下的基業竟然要屬於他人了嗎？」

轉眼間，寒冷的冬天來臨了。秦王政依然在默默積蓄著力量，籌畫著對付嫪毐和呂不韋的計策。呂不韋不失為一代名相，他雖知道自己的地位不保，但依然盡心盡力輔佐秦王政，為秦國一統天下的霸業操勞著。他稟明秦王政，集結了數十萬大軍，籌措糧草，準備開春之後攻伐魏、趙兩國。秦王政見呂不韋如此忠心，心裡十分感動，但對他的厭惡之情並沒有因此而減少。

西元前二三八年，即秦王政九年，秦王政已經二十一歲了，呂不韋再也沒有理由推遲秦王政的成人禮了。於是，舉國上下都在為大王的弱冠之禮忙碌著。呂不韋也指揮大軍攻占了魏國的王城魏垣（今山西省運城市垣曲縣）和蒲陽（今山西省臨汾市隰縣），作為獻給秦王政親政的大禮。

就在此時，天文官急匆匆趕到王宮向秦王政彙報：

「啟稟大王，臣夜觀天象，發現彗星的蹤跡，此乃大凶之兆。」

「大凶之兆？主何事？」秦王政大驚。

「自古以來，彗星現都乃凶兆，恐有臣下密謀弒君。」

秦王政忽然想到嫪毐近日的舉動，緩緩說道：

「天生異象，恐怕真的要出事了，寡人不得不防啊！從今日起，王公大臣們無詔不得入宮。」

## 第六章 平定嫪毐之亂

（三）

眾臣領命而去。隨後，秦王政悄悄留下一名親信，對他說：

「你去查查長信侯近日有何異動。」

那人領命而去，祕密查訪了幾日，發現嫪毐竟然在暗中勾結軍隊，準備發動政變。秦王政得知這些情況之後，大吃一驚。他知道嫪毐深得太后器重，但沒想到嫪毐竟然會如此恃寵而驕，居然想要發動政變。他馬上再次吩咐道：

「密切注意長信侯的動向，暫時不要打草驚蛇。」

秦王政的成人禮馬上就要在故都雍舉行了。自商鞅變法以來，秦國國都便遷到了咸陽，但秦國的祖廟仍在故都雍，舉行成人禮是必須要拜祭宗廟的。

此時，嫪毐與趙太后的第二個兒子已經出生。嫪毐向趙太后進讒，要太后立他們的兒子為王。而趙太后此時也正有此意，她說：

「如今秦宮中危機四伏，大王身處險境，恐難長命。去年，長安君叛亂便是一個例子。一旦大王身故，我就立即立我們的孩子為秦王。」

趙太后雖然答應了嫪毐的無理要求，但嫪毐仍不滿足。因為秦王政正值青春年少，而且頗有機謀，趙太后所說的情況雖然有可能發生，但幾率卻微乎其微。要想奪取王權，唯有趁秦王政到雍城舉行成人禮之時發動政變，才有可能成功。

於是，嫪毐便在暗中積蓄力量，在咸陽各處安插自己的親信，準備奪取秦國大權。

## (四)

西元前二三八年四月，秦王政的車駕浩浩蕩蕩從咸陽向雍城進發了。秦王政坐在車中，微閉雙眼，似乎在想著什麼事情。突然，一騎飛奔從隊伍後面趕來，追上了秦王政的車駕。馬上全副武裝的將領大聲說道：

「啟稟大王，大王交代的事情，臣已經打探清楚了。」

秦王政馬上命車駕就地停下，撩開車簾，輕聲問道：

「昌平君，情況如何？」

昌平君熊啟是楚國的公子，此時正在秦國為官。他靠近車簾，伏在秦王政的耳邊輕聲說道：

「長信侯並非宦者。在施腐刑之時，相國從中作梗，欺騙了天下人。」

秦王政臉色微變，輕聲問道：「此事當真？」

「臣不敢欺騙大王。臣已打探清楚，太后與長信侯穢亂宮中，並已生下兩個孩子。現今，兩個孩子都被藏在雍城的大鄭宮中。長信侯與太后曾有密謀：一旦大王駕崩，便立長信侯與太后所生的兒子為秦王。」

秦王政聽罷，心中充滿了怒火，但表面上卻不動聲色，只是叮囑昌平君道：

「你去吧，繼續關注長信侯的動向。」

## 第六章 平定嫪毐之亂

（四）

車駕繼續出發了，但沒走多遠，又有一騎飛奔而來。這次來人向秦王政彙報說：

「啟稟大王，兵馬已經調動停當，只等大王下令了。」

「不急。敵不動，則我不動。」秦王政緩緩說。

昌文君也是秦王政的親信。由於年代久遠，史料不詳，現在已經無法得知他的姓名和生平了。此時，他應該還沒有被封為昌文君，但由於不知道他的姓名，這裡只好暫且稱他為昌文君。

昌文君離開後，秦王政的車駕繼續向雍城進發。不久，秦王政的車駕就來到了雍城。在郊外的蘄年宮，秦王政的成年禮隆重舉行。在呂不韋的主持下，秦王政行了弱冠之禮，腰間佩了寶劍，完成了成年儀式。這就意味著：秦王政要親政了，太后、嫪毐和呂不韋都要交出他們以不同形式掌握的權力了。

就在秦王政的弱冠之禮將要結束之時，嫪毐在咸陽發動了兵變。他按照事先的密謀，矯借秦王的玉璽及太后璽發兵作亂，徵發縣卒、衛卒、宮騎以及門客，浩浩蕩蕩向雍城進發，準備將秦王政置於死地。

消息傳來後，在雍城參加秦王政弱冠之禮的官員們頓時驚慌失措，不知如何是好。而秦王政卻微微一笑，說道：

「眾位愛卿不要慌張，我們只管在這裡等候長信侯就好了。」

大臣們交頭接耳，紛紛議論：

「大王到現在居然還這麼鎮定，難道他不知道大禍將至了嗎？」

「大王讓我們不要慌張，定然是已經有了安排。」

……

說的沒錯。按照秦王政的安排，昌平君和昌文君兩人所率的兵馬已經在半途等候嫪毐了。當嫪毐率領他的烏合之眾即將抵達雍城之時，昌平君和昌文君突然領兵將嫪毐的軍隊攔腰截斷，分割包圍了。嫪毐本來就是一個市井無賴，根本沒有什麼領兵的計謀。當他的軍隊被包圍之後，他居然率先逃走了。隨後，昌平君、昌文君一邊斬殺叛亂之人，一邊派兵追殺嫪毐。

秦王政的弱冠之禮剛剛結束，昌平君和昌文君便穿著沾滿鮮血的戎裝趕來覆命。兩人雙雙伏在地上，向秦王政請罪道：

「臣辦事不力，雖誅殺了數百叛軍，但嫪毐卻率領數十騎逃出包圍。請大王治罪！」

昌平君和昌文君兩人說到這裡，群臣中立刻發出一聲驚嘆。他們沒有想到，秦王政小小年紀居然早已在背後安排好了一切。想到秦王政剛才鎮定的表現，群臣們紛紛轉向他，高聲讚道：

「大王神機妙算，真是真龍天子啊！」

秦王政揮了揮手，示意群臣安靜，然後他親自上前扶起昌平君和昌文君，對他們說：

「愛卿何罪之有？這是寡人的錯啊！是寡人計畫不周，才讓嫪毐逃走了。兩位愛卿勞苦功高，應該重賞。」

秦王政當即宣布：昌平君、昌文君爵位升一級，所有參與鎮壓嫪毐叛亂的官兵、宦官等都拜爵一級。接著，他又下令：

## 第六章 平定嫪毐之亂

（四）

「宣寡人的詔命，立即昭告天下，有生擒嫪毐者，賜錢百萬；殺之者，賜錢五十萬。」

# 第七章 親迎母親回宮

（秦始皇）功如丘山，名傳後世。

——（西漢）桑弘羊

## (一)

正所謂「重賞之下必有勇夫」，在秦王政的重賞之下，逃亡在外的嫪毐很快就在好畤（今陝西省乾縣東）被追兵所殺。跟隨嫪毐叛亂的衛尉竭、內史肆、佐弋竭、中大夫令齊等二十 餘人也都悉數被捕。

隨後，秦王政立即下令滅嫪毐九族，其餘叛亂的大臣一律公開施車裂之刑，並滅三族。嫪毐門下的食客罪責輕者沒收家產，罰為鬼薪，專門為宗廟樵採；罪責重者削去爵位，流放蜀地。一時間，咸陽城中被罰者多達四千餘家。

嫪毐之亂被鎮壓下去了，趙太后與呂不韋也惶惶不可終日。趙太后本來以為，自己身為一國之母，秦王政或許不會讓家醜外揚的，但她低估了自己的兒子。嫪毐死後，秦王政親自領兵來到雍城的大鄭宮，命人誅殺了兩個同母異父的弟弟，並責令趙太后終生住在大鄭宮，不得返回咸陽。

殺弟遷母之後，秦王政又將目光轉向了呂不韋。雖然整個事件是由太后與嫪毐私通造成的，但太后畢竟是秦王政的母親，他不會將責任推到母親的頭上。那麼，這個責任總得有個人來承擔。這個承擔的人，自然就是暗地裡協助嫪毐進宮的呂不韋了。

對呂不韋，秦王政是又敬又恨。敬他，是因為他對自己和去世的父親恩重如山，在秦國稱霸之路上也勞苦功高；恨他，是因為他獨掌大權多年，時時凌駕於自己之上，與太后有染，又與嫪毐一案有牽連。

## 第七章 親迎母親回宮

（一）

到底該怎麼處置呂不韋呢？如果殺了他，自然可以一解自己的心頭之恨，但那樣必定會讓自己背上一個誅殺賢良的惡名；如果不殺他，王宮中的醜聞何時才能平息，自己又何時才能真正掌握大權？

經過千思萬慮之後，秦王政決定暫且不問呂不韋的罪責，而是先除其左右手。

西元前二三八年的冬季，咸陽異常寒冷，不少貧民被凍死街頭。秦王政一邊命令官員收容那些無家可歸者，一邊繼續剷除呂不韋的黨羽。到西元前二三七年之時，呂不韋在朝中的心腹基本上已被清除乾淨了。這時，秦王政又想到了一個對付呂不韋的辦法：免其相位，保其爵位，讓他到洛陽的封地居住。如此一來，秦王政既不用背負誅殺賢良的惡名，呂不韋也無法再影響朝政了。

秋季的一天，秦王政召集眾臣，商議罷免呂不韋相位之事。群臣都到齊了，呂不韋才心神不寧地來到大殿。

秦王政看了看呂不韋斑白的頭髮，輕聲說道：

「自先王臨朝到現在，相國主持國政已經十四年有餘。如今我大秦國勢強盛，蒸蒸日上，相國真是勞苦功高啊！」

呂不韋顫巍巍走上前，深深一躬，回答說：

「臣不敢居功！」

秦王政下殿走到呂不韋的跟前，用手輕撫了一下他的白髮，感慨說：

「這些年來，相國的頭髮也由黑變白了。相國何不回到封地去頤養天年呢？」

呂不韋一聽這話，心裡「咯噔」一下，暗暗叫道：

「這一天到底還是來了！」

呂不韋緩緩掃視了一下群臣，發現自己的心腹大多已經不在了。當秦王政叫他「相國」之時，他便感到大事不妙。以往，不管是在人前，還是背後，秦王政都稱呼他為仲父，而非相國。

朝堂之上出現了尷尬的沉默。過了半晌，秦王政才微微一笑，問道：

「相國在看什麼？」

呂不韋深深一躬，答道：

「臣想跟老朋友們告個別，卻發現這裡已經沒有多少熟面孔了。」

這時，秦王政大聲說道：

「長信侯是相國的老朋友吧？嫪毐一案令我大秦顏面盡失，而你呂不韋也難辭其咎！念你這些年來對先王與寡人忠心耿耿，為我大秦立下了汗馬功勞，寡人就不追究你的責任了。你去吧，回到封地安度晚年吧！」

呂不韋急忙伏在地上，悲涼道：

「謝大王體恤，老臣即日即遷往洛陽居住。」

秦王政冷冷說：

「去吧！寡人這幾日身體多有不適，就不為相國送行了！」

呂不韋伏在地上不敢動，秦王政「哼」了一聲，拂袖而去。

## (二)

西元前二三七年深秋時節，呂不韋帶著家人，乘坐數十輛馬車，向著洛陽逶迤而去。昔日的門客紛紛到城外送行。呂不韋對眾人拱了拱手，信心滿滿說：

「諸位回去吧！呂某不久就會和大家再見的。」

此時在王宮之中，秦王政正面對著牆上的秦國地形圖深思著。近十年來，雖然他沒有親政，但秦國的版圖依然在一天天擴大，新劃入秦國版圖的城池已經達近百座。而這些大多都是相國呂不韋的功勞。如今，呂不韋被趕到洛陽去了，秦王政的心裡突然產生了一絲悲涼之感。

拋去功勞不談，就私人情感而言，秦王政對呂不韋的離去也有一絲不捨。且不說呂不韋可能是自己的生身之父，單說他這些年來對自己的教育，也足以讓自己心悅誠服稱他一聲「仲父」了。但無論如何，呂不韋都留不得，哪怕他真的是自己的父親。

秦王政所處的先秦時代有一個非常重要的道德和宗法準則，那就是在血緣上重視父統。所以秦王政只有認定莊襄王是自己的父親，他手中的王權才具有合法性，他才有可能掌握國家的大權。

如果秦王政驅逐呂不韋是為了保住手中的王權，那麼他將太后遷往大鄭宮則純粹是為了洩憤。先秦時期，人們十分重視父統，即人們只能繼承父親家族的權利和財產，而不能從母親的家族繼承任何東西。

也就是說，趙太后無論是居住在咸陽，還是居住在大鄭宮，對秦王政的王權都不存在威脅。

不過，當時的人在情感上十分崇尚母恩。春秋戰國時期，王室成員為了爭奪王位而弒父弒兄者有之，但絕無殺生身之母者。在儒家看來，「禽獸知母而不知有父」，殺母者簡直連禽獸都不如。一旦出現殺母的情況，兇手不但無法在社會上立足，官方也會毫不猶豫判處兇手「殺無赦」。

秦王政「徙母」一事顯然觸犯了這一道德原則。但母親與呂不韋、嫪毐穢亂宮闈則是事實。且不說身為一國之母的太后做出如此不堪的事情會被天下人恥笑，她的行為也引發了秦國人對秦王政血統的懷疑。為了王權，為了尊嚴，他不得不這樣做。但這樣做又犯了大忌，

所謂「耳不聽，心不煩」，他只希望人們不要在他面前提及這件事，以求自我鎮靜。於是，秦王政將太后幽禁在大鄭宮之後，便下了一道嚴令：

「誰敢以太后之事相諫，殺無赦！」

出於對道德規範的維護，人們不可能站出來提這件事情。作為一國之君，秦王政做任何事情都應該為國人做表率。如果連他都不孝順母親的話，那百姓又會怎麼做呢？於是，大臣們便不顧秦王政的嚴令，一個接一個站出來，勸說他收回成命。

「大王，人們常說『百善孝為先』。大王身為一國之君，理應為國人做表率，原諒太后的過失，一如既往孝敬太后……」

## 第七章 親迎母親回宮

(二)

沒等大臣說完，秦王政便大喝道：

「寡人已經下過命令，敢以太后之事相諫者，殺無赦！難道你不知道君無戲言的道理嗎？來人吶，拖出去斬首！」

幾名侍衛聞聲而至，將那名大臣拖出宮去……

第一個大臣死了，馬上又會有一個大臣站出來：

「大王，臣自知必死無疑，但仍要勸大王將太后迎回咸陽。正所謂『人非聖賢，孰能無過』……」

大臣的話還沒說完，秦王政便怒睜雙目，大喝道：

「侍衛何在？拖出去，斬，斬，斬……」

……

結果，秦王政一連殺了二十七個大臣。他甚至下令斬去二十七具屍首的四肢，將其堆在宮門邊上，以警示天下人。

## (三)

先秦時期的交通和通訊技術雖然落後，但資訊傳播得依然很快。各國都在其他國家設置了公開或祕密的資訊站，這些資訊站可以迅速將一些重大資訊傳回國內。

秦王政一連殺了二十七名勸諫的大臣，這是何等的大事啊！東方六國諸侯、王公大臣和政客們很快就知道了秦王政誅殺大臣的原因和經過。

正當人們紛紛議論秦王政的殘暴之時，有一個名叫茅焦的政客千里迢迢從齊國來到咸陽，準備勸說秦王政迎回趙太后。

茅焦來至秦宮門前，伏在二十七名被殺大臣的屍骨邊上，大哭道：

「臣齊客茅焦，願上諫大王！」

侍衛和太監們立即將茅焦在宮門前伏屍大哭的事情報告給秦王政。秦王政大吃一驚：

「天下竟有這麼多不怕死的人！你們去問問他想對寡人說什麼。如果是為了太后的事情而來，就不用說了。」

太監們將秦王政的話傳給茅焦。想不到，這茅焦卻毫不避諱回答說：

「臣正為此事而來。」

太監趕緊跑到殿上向秦王政彙報，秦王政勃然大怒，告訴太監說：

「你可以指著宮門前的屍體，告訴他那些人是怎麼死的！」

# 第七章 親迎母親回宮
## （三）

太監再次來到宮門前，對茅焦說：

「你難道沒有看見堆在你面前的屍體嗎？難道你真的怕不死嗎？」

茅焦回答說：

「我聽說天上有二十八個星宿，如果降生在人間的話，都是正直的人。現在已經死了二十七個人了，還缺一個，就讓我來補齊這個數字吧！自古以來，哪一個聖賢之人不是為天下人而死的，我有什麼好怕的呢？」

太監把茅焦說的話報告給秦王政。秦王政一聽，拔出腰間的寶劍，大聲喝道：

「這個人是故意來羞辱我的。來人吶，立即在殿下架起大鍋，我把這個人煮成湯汁，豈能讓他全屍而死，湊滿二十八星宿之數！」

侍衛和太監們領命而去，在殿堂之下架起了一口大鍋，裡面裝滿了熱油，下面燃著熊熊烈火。秦王政手握寶劍，怒氣沖沖說：

「把那個狂妄之人召來就烹吧！」

太監到宮門前去召茅焦。茅焦踉踉蹌蹌跟在太監身後，故意放慢了腳步。太監催促他走快點。茅焦說：

「我見到大王就要死了，請你可憐可憐我吧！」

太監搖了搖頭，嘆息道：

「早知如此，你何必來送死呢？」

茅焦來到大殿的台階下，立即伏在地上，向秦王政行了大禮。而後，他突然鎮定自若說道：

「大王，臣聽說長壽的人不忌諱談論死亡，國君不忌諱談論國家滅亡之事；人的壽命不會因為忌諱死亡而長久，國家也不會因為忌諱談論亡國而保存。人的生死，國家的存亡，都是開明的君主最希望研究的，不知道大王是否願意聽？」

聽到這裡，秦王政胸中的怒氣稍稍散去了一些，便問道：

「此話怎講？」

茅焦回答說：

「忠臣不講阿諛奉承的話，明君不做違背世俗的事。現在，大王有極其荒唐的行為，我如果不對大王講明白，就是辜負了大王。」

秦王政揮了揮手，示意茅焦走上大殿，而後說道：

「你要說什麼，就說出來吧！」

茅焦走入大殿，伏在地上，大聲說：

「天下之所以尊敬秦國，並非僅僅因為秦國力量強大，還因為大王是英明的君主。而今，大王車裂了假父，是為不仁；殺死了兩個弟弟，是為不友；將母親囚禁在外，是為不孝；殺害進獻忠言的大臣，則是夏桀、商紂的作為啊！如此的品德，如何讓天下人信服呢？天下人聽說之後，恐怕就不會再心向秦國了。我實在是為秦國擔憂，為大王擔憂啊！」

茅焦說完這些，便解開衣服，走出大殿，伏在大鍋之旁等待受刑。秦王政聽了茅焦這番話之後，深為震動，突然明白了自己一直都只顧洩憤，卻未想到這些行為可能會影響秦國的統一大業。

頓悟之後，秦王政將寶劍插回鞘中，親自走下大殿，扶起茅焦，真誠說道：

「先生請起，寡人赦你無罪，我願意聽從先生的教誨。」

茅焦站了起來，進一步勸諫說：

「以前來勸諫大王的，都是些忠臣，希望大王厚葬他們，別寒了天下忠臣的心。秦國如欲一統天下，大王更不能有遷徙母后的惡名。」

秦王政羞愧說道：

「如果不是先生，寡人看來真的要鑄成大錯了啊！」

於是，秦王政立即封茅焦為太傅，尊為上卿。而後，他親自率領車隊前往雍城的大鄭宮，將趙太后迎回咸陽，仍安置在甘泉宮中居住。太后見秦王政親自迎接自己回咸陽，也痛改前非，全心全意幫助兒子管理王宮的雜事，以便秦王政能夠有更多的精力去考慮統一天下的大事。

# 第八章 廣攬賢才

搏取已掃地，翰飛尚憑凌。游將跨蓬萊，以海為丘陵。勒石頌功德，群臣助驕矜。

——（宋）王安石

## (一)

秦王政迎回趙太后一事很快就在天下傳開了，人們非但沒有議論太后曾經的醜行，反而讚譽秦王政寬宏大量，有天子的雅量。呂不韋在洛陽也聽說了這件事。他立即召集門客，商議復出之事。在他看來，秦王政能原諒太后，也就能原諒他。再說，有趙太后在宮中為他說情，定然可以達到事半功倍的效果。

在呂不韋的授意下，他原先的門客紛紛前往咸陽覲見秦王政，為呂不韋說情。秦王政表面上不說什麼，但心裡十分不快。門客們不遠千里趕到咸陽，冒死為呂不韋說情，這說明呂不韋的勢力依然很強大。初掌大權的秦王政怎麼可能再讓呂不韋的權勢死灰復燃呢？

俗話說，「福無雙至，禍不單行」，呂不韋倒台失勢之後，他秉政時開鑿的鄭國渠也出了問題。當時，鄭國渠已經修建了十年之久，但依然沒有完工。秦國的監修官員迅速展開調查，以便查明工程進展緩慢的原因。很快他們就發現，鄭國在主持修建工作時故意浪費人力、物力，延緩工程的進展。

監修官立即將此事彙報給秦王政，秦王政又立即派人調查鄭國的底細。結果，鄭國的韓國間諜身分便暴露了。秦王政大怒，要殺鄭國。在殿堂之上，鄭國申辯說：

「臣雖然是韓國派來的間諜，想藉興修水利工程之名消耗秦國的實力，使秦國不能東伐韓國，但大王可曾想過，水渠鑿成，對秦國也是有利的。臣這樣做，雖然可以為韓國延長幾年壽命，可卻能給秦國帶來了萬世的功利。」

秦王政聽了這話，怒氣漸漸消了。他親自走下殿來，扶起鄭國，說道：

「愛卿說得有道理，寡人不會殺你的。你去吧，將水渠修成，不要再延誤工期了。你一再延誤工期，我數萬百姓都要跟著受苦啊！」

鄭國逃過一死，心裡本來就存有感激之情，又見秦王政如此愛民，也就不再故意消耗秦國的實力，而是一心一意地修建鄭國渠了。後來，水渠開鑿成功，灌溉田地四萬多頃，使關中之地沒有了旱荒凶年，秦國果然獲益無窮。人們為了感謝鄭國，便將他負責修建的這個水渠取稱為「鄭國渠」。

鄭國一案雖然結束了，但卻再次牽連到呂不韋。當時，呂不韋的門客們正在咸陽四處遊說，希望秦王政能重新啟用呂不韋。鄭國案一發，立即有人指出，當初正是呂不韋極力推薦鄭國來主持興修水利的。鄭國是間諜，那麼呂不韋就難逃其咎。甚至有人聲稱，呂不韋可能是衛國派來的間諜。因為他是衛國人，而不是秦國人。

自從秦孝公以來，把持秦國朝政，且對秦國貢獻巨大的大臣多是從東方國家西入咸陽的。在秦孝公時期主持變法的商鞅來自衛國，秦昭襄王時期的名相范睢來自魏國，呂不韋也是衛國人。這些從東方國家西入咸陽的人在為秦國作出貢獻的同時，也搶占了秦國官員升遷的機會。這些從其他諸侯國入秦為官的人被稱為客卿，就是所謂的「其位為卿，而以客禮待之」。正因為如此，在秦國為官的客卿與秦國人的關係一直都十分緊張。所以只要一得機會，秦國人就會攻擊或排斥從其他諸侯國來的人。

如今呂不韋失勢了，鄭國是韓國間諜的事也被揭發了，秦國人又得到了一次驅逐客卿的機會。秦國的宗室大臣紛紛藉機向秦王政進言：

「從東方國家西入咸陽為官的人，大多都是替他們的君主來遊說離間秦國的，就像呂不韋、鄭國之徒。懇請大王下達逐客令，將他們攆出秦國。」

當時，秦王政正在為呂不韋的事情發愁。呂不韋的門客眾多，遍布朝野，一旦發生動亂，自己的王權與國家的安危都可能不保。如果下了逐客令，將呂不韋等人趕出秦國，這些潛在的威脅也就不存在了。再加上為表示自己血統的純正性，秦王政要對秦人有所親近，因此他很快就同意了驅逐客卿的意見，下了一道「逐客令」。一時間，從東方國家西入咸陽為官、經商的人紛紛捲起鋪蓋，往東而去。

## （二）

「逐客令」對秦國的統一大業是十分不利的。首先，客卿中有一大批有才能的人士，如茅焦、李斯等人；其次，「逐客令」會降低東方六國的百姓對秦國的認同感。

當時，列國林立，戰亂頻仍，百姓的生活困苦不堪。有遠見的人早已意識到，唯有消滅列國林立的局面，才能一勞永逸避免戰爭。而作為戰國七雄中唯一的超級大國，秦國自然最有機會統一天下，從而結束連年的戰爭。因此，即使是東方六國的百姓也有不少人希望能夠天下統一。而如今，秦王政驅逐客卿，東方六國的百姓對秦國的認同感自然而然也就降低了。

李斯敏銳意識到了這一點。在秦王政剛下「逐客令」之時，他便極力反對。但是，秦國宗室不可能坐視不理。他們紛紛向秦王政進言，貶低李斯：

「李斯身為客卿，自然不希望大王下逐客令。他反對大王驅逐客卿，不過是為了保住自己的地位罷了。」

李斯是楚國上蔡（今河南省上蔡縣西南）人，出身低微，但頗有志向。青年時期，他曾不遠千里前往齊國，拜一代名儒荀子為師，學習王霸之術。學成之後，李斯反覆思考應該到哪個國家去謀求發展。經過對各國情況的分析和比較，他認為楚王無所作為，其他各國也都在走下坡路，只有秦國如日中天，蒸蒸日上。於是，他便決定到秦國去發展。

在臨行之前，荀子問李斯為什麼要到秦國去，李斯回答說：

「開創事業都有一個時機問題，現在各國都在爭雄，這正是立功成名的好機會。秦國雄心勃勃，想奮力一統天下，到那裡可以大幹一場。人生在世，卑賤是最大的恥辱，窮困是莫大的悲哀。一個人總處於卑賤窮困的地位，那是會令人譏笑的。不愛名利，無所作為，並不是讀書人的想法。所以，我要到秦國去。」

李斯來到秦國時，正是呂不韋獨掌大權之時，因此他就投靠了呂不韋，成為呂氏門下的一名食客。後來，在呂不韋的推薦下，他被秦王政提拔為客卿。秦王政下達「逐客令」之後，一心追求個人名利的李斯仰天長嘆，喟然道：

「想不到我李某如此命薄，生不逢時啊！」

秦王政聽信了秦國宗室的讒言，不但沒有理會李斯的勸諫，反而更加堅定了逐客的決心。李斯無奈，只好和眾多客居秦國的官員一樣，捲起鋪蓋回老家去了。

在回家的途中，李斯越想越不甘心。他在秦國為官近十年，手中的權力越來越大，如今竟然因為秦王政的一紙「逐客令」而化為烏有。想著想著，他提筆給秦王政寫了一份奏摺，令人火速送到咸陽宮中。

這份奏摺就是著名的《諫逐客書》。在《諫逐客書》中，李斯開宗明義說：

秦下逐客令是錯誤的舉措。從前，秦穆公求納四方賢士……秦孝公用商鞅實行變法，使秦國得到治理，富強起來，所以贏得了諸侯的親近和服從；秦惠王採用張儀的計謀，拆散六國的合縱聯盟，使諸侯們來服侍秦國；秦昭王得到范雎，使公室強盛，抑制了私家勢力。這四個人都是以客人來為秦國建立功業的。由此看來，客人對秦國有什麼虧負呢？……

奏摺在熱情讚頌了客卿為秦國發展所做的貢獻之後，李斯又闡述了君王所應堅持的用人之道：

臣聽說，土地廣闊的糧食充足，國家強大的人口眾多，軍隊強盛的士兵勇敢。泰山不嫌棄泥土，所以成就了它的偉大；河海不挑剔細流，所以成就了它的深廣；君王不拒絕眾民，所以宣揚了他的德行。

因此，土地不四方，人民不國別，四季充實美好，鬼神都來降福，這就是五帝三王無敵於天下的原因啊。現在，秦卻拋棄百姓以資助敵國，排斥賓客而使他們幫助別國諸侯，使天下的賢士退縮而不敢向西，停步不進秦國，這真是所謂「借武器給敵人，送糧食給強盜」！

最後，李斯又寫道：

物品不產於秦國而可愛的，很多很多；賢士不生在秦國而願效忠的，也有很多。如今驅逐客卿以幫助敵國，減損百姓而增加仇人的力量，內使自己空虛，外與諸侯結怨，這樣下去，要想國家沒有危險，那是不可能的啊！

李斯的《諫逐客書》是一篇論理充分、舉例詳明的文章，讀起來既膾炙人口，又讓人信服，不容秦王政不回心轉意。秦王政出生在邯鄲，童年也是在邯鄲度過的，歸秦後又是在呂不韋的輔佐下長大成人。因此，他的胸中並沒有大部分秦國人的那種排外意識，他想的是天下都能在他手裡才好呢！之所以同意下逐客令，主要是因為對呂不韋有所疑懼，怕呂不韋的賓客黨羽危害秦國和他個人的利益。

李斯原本也是呂不韋的門客，但秦王政見李斯在《諫逐客書》中絲毫沒有提及呂不韋，心中的疑慮漸漸消釋，因此下令撤銷了「逐客令」。然後，他又派人快馬加鞭追回李斯，讓其官復原職。從此，李斯成了秦王政的肱股之臣，秦王政也將秦國的大權牢牢控制在自己的手裡。雄心勃勃的秦王政準備繼續向東方六國用兵，統一天下。

## (三)

到秦王政親政之時，秦國一統天下的歷史條件已經基本具備了。各諸侯國的經濟聯繫日益緊密，並有逐步走向一體的跡象；各國人心思變，也盼望著天下一統。更為重要的是，作為統一天下的主體，秦國兵強馬壯，國富民強。而掌握著這個強大王國命運的秦王政也野心勃勃，伺機而動。

對東方六國用兵需要將才，也需要帥才。秦王政親政不久，朝中大臣或為呂不韋的舊屬，或者缺乏真才實幹，可以為其所用的並不多。因此，接下來最重要的事情就是多招納一些像茅焦、李斯這樣的賢才。不少影視劇作品都將秦王政塑造成一個具有雄才大略，同時又暴虐之人，這大概是符合歷史事實的。從秦王政親政以來，無論是忠臣，還是像嫪毐一樣的叛臣，死在他手上的相當多。在這種情況下，誰還敢到秦國為官呢？

歷史上從來就不缺乏勇敢而又自信之人。在一些有才能的人看來，秦王政的這些壞脾氣並不是完全不能駕馭的。那些死在秦王政刀下的忠心之人，大多是沒有什麼才能的人。例如，勸諫秦王政迎回趙太后的二十七位大臣，如果他們不是單純從孝道的角度去勸諫，而是像茅焦一樣，從統一天下的角度勸說秦王政，他們可能也不會死。這些人的看法也是正確的。秦王政雖然暴虐，但也是一個納諫如流、禮賢下士的統治者。

魏國人尉繚便是一個勇敢而又自信的人。秦王政撤銷逐客令後不久，他就來到咸陽。由於年代久遠，史書記載不詳，現已無法知曉尉繚來到咸陽之前的事蹟了，甚至連他的姓氏也無從考察，只知道他的名字叫繚。由於他後來做了秦國的國尉，所以人們就稱他為尉繚。

尉繚來秦國的目的，無非也是認准了秦國必然要一統天下的趨勢，到這裡來施展平生所學，一逞抱負的。所以他初謁秦王，便打算向秦王政進獻統一天下的策略性問題。秦王政坐在大殿之上，尉繚伏在殿下。秦王政審視尉繚良久，終於開口道：

「先生從魏國來到我秦國，有什麼要教導寡人的嗎？」

尉繚抬起頭，朗聲說道：

「臣不敢教導大王！臣從魏國來到咸陽，只不過是想向大王說一說天下的形勢。」

秦王政一臉冷峻，說道：

「既然如此，不妨說說看。」

尉繚大聲說：

「臣竊以為，天下的形勢對秦國十分有利。和秦國比較，東方各國疲弱，其國君就如同秦國的郡守縣令一般。因此，任何一個諸侯都無法單獨同秦國抗衡，那樣做無異於以卵擊石。但是，我擔心東方六國會再次結成聯盟，合縱擊秦。歷史上的智伯、夫差、閔王便是這樣被擊敗的。」

作為一國之君，秦王政對這些歷史事件是非常熟悉的。春秋後期，晉國出現了趙、魏、韓、智氏、范氏、中行氏「六卿執政」的局面。後來，智氏的智伯控制了晉國朝政，他便聯合韓和魏攻趙，把趙簡子圍困在晉陽一年多。

趙簡子祕密派人去策反韓、魏。韓、魏兩家擔心智伯消滅趙氏之後，一家獨大，會轉而對付他們，遂與趙氏聯盟，反過來滅了智氏。智氏滅亡之後，韓、趙、魏三家便瓜分了晉國之地，分別發展為後來的韓國、趙國和魏國。

春秋時期的吳王夫差曾稱霸一時。後來，各國諸侯結成聯盟，一舉擊潰了他，最終被越國的勾踐所滅。齊閔王的事例距離秦王政不遠。齊閔王曾和秦王政的太祖父秦昭襄王結成同盟，欲共同伐趙，並分別稱東帝和西帝。

當時，齊國的實力非常強大，是東方六國中唯一一個可以跟秦國抗衡的國家。齊閔王滅宋之後，實力進一步增強，直接威脅到燕、韓、趙、魏的利益，秦國也擔心齊國一國獨大。於是，五國為了各自的利益，迅速結成同盟，由燕國名將樂毅統帥，直奔齊國都城而去。結果，齊國都城臨淄（今山東省淄博市臨淄區）被攻破，齊閔王被殺，強大的齊國從此一蹶不振。

尉繚的觀點十分正確。單獨一國諸侯並不可怕，但他們一旦聯合起來，就將成為一股強大的力量。歷史上，秦國就曾多次遭到東方六國的合縱進攻，遭受到重大損失。所以，如何避免合縱形勢的形成，是一個關乎秦國能否統一天下的重大問題。

## (四)

秦王政坐在大殿之上，非常認真地聽尉繚在闡述他的意見，尉繚的每一句話都說進了他的心坎。聽著聽著，秦王政站起來親自走到殿下，扶起尉繚，誠懇說：

「先生有什麼好辦法，請教給寡人吧！」

尉繚起身，恭敬對秦王政說：

「方法倒很簡單，就看大王捨不捨得花費了。」

「只要用得其所，有什麼捨不得的呢？」

尉繚向秦王政深深一躬，朗聲道：

「恭喜大王，大事可成矣！臣以為，只要大王派人攜帶重金前往東方六國，結交其朝中豪臣，禍亂他們的智謀，挑撥六國的關係，便可成就大事。如此一來，花費不過三十萬黃金，但六國諸侯便可破矣！」

秦王政聽完尉繚的建議，大喜道：

「好，好！此計雖然簡單，但定會十分湊效！」

當晚，秦王政便將尉繚留在宮中，徹夜與他交談。他很快發現，尉繚不但是一個出色的智謀家，還是一個傑出的軍事戰略家，對用兵之道頗有研究。秦國不乏身先士卒、勇冠三軍的將才，所缺的正是尉繚這樣滿腹韜略、運籌帷幄的軍事領袖。在統一決戰即將全面爆發之際，尉繚的到來無疑大大增強了秦國制定正確軍事戰略的實力。

## 第八章 廣攬賢才

### （四）

秦王政對尉繚佩服得五體投地，堅持以平等之禮相待，經常與其同食同寢。每當有尉繚在場，秦王政都不再穿著象徵王者身分的服飾，而是按照尉繚的身分，穿和他一樣的衣服。

秦王政這種求賢若渴的表現可嚇壞了尉繚。當時，社會等級森嚴，人們的衣食住行等一切一切都必須與自己的身分相吻合。如果有人膽敢僭越，自然屬大逆不道；但如果有人過分謙恭，自然也會讓人心生疑懼。

尉繚離開王宮之後，心裡就像揣了隻兔子一樣，「咚咚」直跳。在與秦王政相處的幾天裡，他發現秦王政的相貌與常人不同。他長著一個高高的鼻梁，一雙長長的眼睛，胸部像鷙鳥一樣高高隆起，說話的聲音簡直就像豺狼的叫聲一般。綜合這副相貌和秦工的言談舉止，尉繚認為，秦王政為人「少恩而虎狼心，居約易出人下，得志亦輕食人」。用現在的話來說，就是認為秦王政有一顆像虎狼一樣的心，缺乏感恩之情。當他身處不利之境或有求於人時，他會忍辱負重，做出一副甘為人下的姿態；一旦他達到了自己的目的，他很有可能會隨隨便便殺掉一個人。

對此，尉繚嘆息著說：

「我只不過是一介布衣，秦王見我時表現得過於謙卑，這些都是不正常的。一旦他將來統一天下，恐怕天下人都要成為他的奴隸了！這樣的人，怎麼能與他長久相處呢？」

尉繚越想越怕，連夜逃出了咸陽，直奔魏國而去。

第二天，秦王政越想尉繚的話越覺得有道理，便意猶未盡地派太監去請尉繚。太監來到尉繚的寓所，一見房子裡空空蕩蕩的，尉繚早就不見了蹤影。

太監急忙跑回王宮，向秦王政稟報此事。秦王政大怒道：

「這小子居然敢辜負我的一片信任！給我馬上出城去追，一定要將尉繚給我追回來！」

幾名軍士領命而去。他們剛走出宮門，秦王政的貼身太監便追了出來，大聲道：

「大王囑咐，萬萬不能傷害尉繚先生。」

傍晚時分，尉繚被幾名軍士架回了王宮。秦王政整整在大殿上等了一天，他太害怕失去尉繚了。見到尉繚安然無恙回來，他急忙跑下殿來，握住尉繚的雙手，急切說：

「先生為何要走呢？難道寡人有什麼地方做的不好嗎？」

尉繚忙道：

「啟稟大王，臣不敢逃走。這些天，我在城裡住著太悶了，就隨便出城走走。」

秦王政知道尉繚說的是假話，但還是假裝相信的樣子：

「原來如此！寡人已經下令，任命先生為國尉，主管我大秦的軍事。望先生盡力輔佐寡人，以便盡早安定天下。」

# 第九章　出兵伐趙雪恥辱

明斷自天啟，大略駕群才。收兵鑄金人，函谷正東開。

——（唐）李白

## (一)

尉繚當了秦王政的國尉，自知無法離開秦國，此後只能小心翼翼為秦王政出謀劃策，制定攻伐六國的戰略方針。此時，秦王政的身邊文有李斯，武有尉繚，朝中將才濟濟。因此，秦王政雄心勃勃，準備發動統一之戰了。

他先根據尉繚的建議，派姚賈等人懷揣金銀珠寶，分道前往東方六國，想盡千方百計去賄賂收買那些身居高位的顯貴「豪臣」，離間他們的君臣關係，破壞六國之間的合縱。很快，東方六國的君臣之間及各諸侯之間就產生了矛盾，彼此互相猜忌，再也無法結成聯盟了。

秦王政見用兵的時機已經成熟，便召集李斯、尉繚等人商議進軍計畫。李斯說：

「東方六國之中以韓國最為弱小，而且緊鄰我大秦。如果能一舉攻下韓國，不但能鞏固我大秦的霸主地位，還可以威嚇其他諸侯。」

尉繚點了點頭，在一旁附和說：

「李大人的見解與在下相同。只不過，自昭襄王駕崩起，韓國已經向我大秦稱臣，兩國近年來也沒什麼糾紛。如今突然用兵，恐怕師出無名啊！」

秦王政眼睛盯著掛在牆上的秦國地形圖，緩緩說道：

「兩位愛卿所言都十分有理。那麼，依兩位之見，寡人現在該怎麼辦呢？」

# 第九章 出兵伐趙雪恥辱

（一）

李斯向前一步，回答說：

「大王，既然韓王向大王稱臣，何不派一位使者前去招降韓國？」

秦王政面露難色，沉默片晌才說：

「只怕不容易吧，韓王怎麼會輕易將他的江山交給寡人呢？」

這時尉繚說道：

「大王，如若韓國不降，我大秦便有向它用兵的理由了！」

李斯似乎突然想到了什麼，大聲道：

「不妙！」

秦王政驚問道：

「什麼事不妙？」

李斯向秦王政深深一躬，回答說：

「臣跟隨荀卿先生學習之時，韓國公子韓非也在先生處學習。此人滿腹韜略，不易對付啊！」

秦王政忙問道：

「與愛卿相比，那韓非的用兵的韜略如何？」

李斯誠實回答說：

「在臣之上。」

秦王政沉思半晌，說道：

「如此說來，寡人更應該對韓國用兵了。無論如何，寡人都要見見韓非。如此奇才，放在韓王手裡實在是太浪費了。」

韓非是韓國王室的成員，曾同李斯一起向荀子學習王霸之術，不過他更喜歡「刑名法術之學」，並下了很大的力氣去鑽研法家的學說。他在各方面的造詣均比李斯更高一籌，李斯十分嫉妒他。

兩人在學滿出師後，李斯來到秦國，韓非則回到韓國。韓非親見自己的祖國積貧積弱，日益沉淪，外有強秦虎視，內有悍臣弄權，亡國之危已迫在眉睫，內心十分憂憤。他多次上書給韓王安（？到西元前二二六年，西元前二三八年到前二三〇年在位），針對時弊，陳述了自己的政治主張。然而，庸懦無能的韓王不識人才，根本不理睬韓非的主張。韓非滿腔愛國熱忱被冷落，又因口吃，不善言談，只能將一腔憂憤傾注於筆端，埋頭著述。

不久，韓非的著作便流傳到秦國。李斯讀到他的《孤憤》、《五蠹》等政論文時，不禁冷汗直出，惶惶然不知所措。韓非的筆墨猶如利刃，堪比數萬大軍。如果韓王採納了他的政治主張，秦國滅韓之日將遙遙無期。

與秦王政討論了韓非的才華之後，李斯便把《孤憤》、《五蠹》等文送給秦王政閱讀。秦王政讀完，不禁拍案稱奇，感慨道：

「奇才！真乃奇才！寡人如能得見此人，死也無憾了！」

韓非集法家之大成，主張以法治國，以重刑懲治冒犯君主威嚴之人。除此之外，他還十分重視權術對治理國家的重要性。他的這些思想在當時的社會條件下，對政治體制的變革實踐起到了很大的指導作用。在中國封建社會漫長的封建社會裡，君主統治天下所用的基本都是韓非的這套理論。可以說，他的這套思想在一定程度上明確和固定了社會各等級的權力與義務，維護了國家的統一。

不過，這種絕對專制的政治理論同時也桎梏了人性，極大地束縛了民族的創造力，成為社會進步的嚴重障礙。

但不論如何，韓非的這些理論在當時還是具有進步意義的。更重要的是，他的這些思想與秦王政的執政理念不謀而合，得到了秦王政的認可。

## (二)

秦王政十一年，即西元前二三六年，秦王政命王翦、桓齮、楊端和為將，領兵直奔趙國的軍事重鎮鄴城（今河北省臨漳縣西南）。這三人都是秦王政收攏的大將，其中以王翦一生的功勞最大。

王翦是秦國頻陽東鄉（今陝西省富平縣東北）人，少有壯志，不但有萬夫不當之勇，且熟讀兵法，頗有機謀。而桓齮和楊端和兩人出身均不詳，何時開始跟隨秦王政的也無法考證。有歷史學家認為，桓齮就是樊於期。這種說法的影響力很大，這裡暫且採信桓齮即是樊於期的說法。至於楊端和，他只不過在歷史上留下一個名字而已。

在三位大將的聯合指揮下，秦軍迅速攻破鄴城，並連續取得九座城池。而後，秦王政命王翦為主將，桓齮與楊端和為副將，全權處理伐趙之役。王翦決定以得勝之師進攻趙國的另一座軍事重鎮閼與。

閼與可以說是秦軍的傷心之地。西元前二七〇年，趙國名將趙奢就曾率部在此擊敗了強大的秦軍，而秦王政的祖父秦孝文王也是在此戰之後入邯鄲為質的。

王翦決定在此一雪前恥，重振秦軍的士氣。王翦不愧為一代名將，他率部向閼與進發的途中突然停止進軍，命令俸祿不滿一斗糧食的士兵全部返回家鄉，只從原先的軍隊中挑選出五分之一的忠勇之士，全力進攻閼與。結果，這支士氣高昂的精銳部隊不但順利攻下了閼與，同時還攻取了安陽（今河南省安陽市）等城池。

## 第九章 出兵伐趙雪恥辱
## （二）

趙悼襄王聞訊後大驚，竟然一病不起，不久就駕崩了，其子趙遷繼位為王，史稱趙幽繆王（生卒年不不詳，西元前二三五到前二二八年在位）。

秦軍在前線取勝的消息接連也不斷傳到了咸陽，秦王政大喜，在宮中大宴百官。遠在洛陽的呂不韋也在此時再次活躍起來。一天，呂不韋祕密召見了幾名門客，對他們說：

「如今大王揮軍東進，正是用人之際，我這把老骨頭說不定還能派上用場。」

一名門客恭維說：

「老相國所言極是。朝中的那幫小毛頭怎能與老相國相比呢？我想，大王現在一定十分思念老相國。」

另外一名門也附和著說：

「如果我等現在向大王進諫，大王一定會重新啟用相國的。」

呂不韋笑而不語，默認了兩位門客的建議。

半月之後，咸陽宮突然熱鬧起來，呂不韋原先的門客紛紛入宮覲見秦王政，勸說他重新啟用呂不韋。對於這種情形，秦王政大怒，喝道：

「難道你們以為寡人離開了文信侯就無法完成一統天下的大業嗎？」

呂不韋這次猜錯了秦王政的心思。秦王政好不容易才擺脫了太后、嫪毐和呂不韋把持朝政的局面，怎麼會再次讓呂不韋入朝為官呢？如今，嫪毐已死，趙太后也不再過問前朝之事，唯有呂不韋還蠢蠢欲動，這讓秦王政很不放心。

左思右想之後，秦王政提筆給呂不韋寫了一封信。信很短，只有二十二個字，但這二十二個字卻像二十二把尖刀一樣，將呂不韋刺得遍體鱗傷。秦王政在信中說：

「君何功於秦，封君河南，食十萬戶？君何親於秦，號稱仲父？」

呂不韋接到秦王政的這封信，心中僅存的幻想瞬間便被擊碎了。他就像一隻鬥敗的公雞一樣，耷拉著頭，蜷縮在角落裡，暗暗垂淚。他無論如何也想不通，自己「立國」的政治投資為什麼會在「利潤」達到頂峰之時突然「破產」了呢？他更想不通，秦王政為什麼會如此絕情，竟連自己想為秦國出最後一分力的請求也拒絕呢？

正所謂「當局者迷，旁觀者清」，呂不韋想不通，秦王政周圍的人卻看得一清二楚。這其中最主要的原因，就是呂不韋威脅到了秦王政手中的王權。

呂不韋正在洛陽悶悶不樂之時，秦王政又下達了一道詔命，命令呂不韋及其家屬全部遷居蜀地。蜀地就是今天的四川一帶。現在的蜀地雖然被譽為「天府之國」，但在先秦時期還是荒草叢生、瘟疫盛行的蠻荒之地。只有那些犯了罪的人，才會被送到那裡居住。

秦王政的這道詔命徹底擊碎了呂不韋的信念。呂不韋喃喃說：

「大王步步緊逼，是不想給老朽留下生路啊！如今遷居蜀地是死，不遷居也是死，何不死得體面些呢？」

於是，呂不韋召集家人和門客，囑咐他們不要與秦王政作對，而後便喝下事先準備好的毒酒安然就死。

呂不韋死後，他門下的數千食客紛紛趕赴洛陽，偷偷將他葬在北芒山。參加送葬的人很多，場面十分浩大，這說明呂不韋還是很得人心的。同時也從側面說明：呂不韋與秦王政之爭實際上是一場權力之爭，無所謂正義或邪惡。

秦王政聞知此事後，勃然大怒，認為那些給呂不韋送葬之人是向自己示威，便下令懲罰那些在呂不韋墓前落淚之人。呂不韋的數千門客因此都受到了牽連。那些從韓、趙、魏三國投奔呂不韋的人也全部被驅逐出秦國；俸祿五百擔以上的官員一律削爵，遷徙他處；俸祿在五百擔以下且沒有參加呂不韋葬禮的人，不削爵，但要遷往他處為官。

自此，呂不韋在秦國的殘餘勢力被徹底肅清了，秦王政終於可以按照自己的思想主張治理天下了。

## (三)

呂不韋死後，秦王政才得以從政治鬥爭中抽身而出，全力思考攻伐東方六國之事。秦王政十二年，即西元前二三四年，秦王政任命桓齮為將，令其繼續攻打趙國。桓齮受命，領兵直奔趙國軍事重鎮平陽（今河北省臨漳縣西）而去。剛剛正式登基不久的趙幽繆王立即派大將扈輒領兵十萬去救平陽。桓齮佯裝退卻，並在撤退的途中布置了埋伏。

扈輒是一個沒有什麼指揮才能，但卻十分自負之人。他見桓齮退卻，立即上書給趙幽繆王稱：

「秦國不足慮！有我扈輒在，別說一個桓齮，就是王翦、桓齮和楊端和一起領兵打過來，也都讓他們有來無回。臣領十萬大軍，尚未到平陽，桓齮就望風而逃了！」

扈輒根本沒有派兵打探虛實，就命十萬大軍悉數出動，全力追擊桓齮。結果，趙軍在平陽以西遭到了秦軍的伏擊，全軍覆沒，扈輒也兵敗身死。

消息傳到邯鄲之後，趙幽繆王大吃一驚，連聲道：

「扈輒誤我！扈輒誤我！」

而此時，秦王政卻在咸陽笑得合不攏嘴了。他連聲稱讚桓齮說：

「桓齮將軍真是寡人的一員福將啊！趙國人在羞辱寡人之時，恐怕沒有想到他們也會有今天吧？哈哈，這還遠遠不夠！趙國人加在寡人身上的恥辱，寡人要加倍還給他們！」

秦軍大獲全勝，舉國上下自然高興萬分，但秦王政的笑聲卻讓滿朝文武大臣不寒而慄。雖然不能說秦王政屢屢對趙用兵完全是為了報當年之仇，但其中必然有報仇的成分。否則，他應該按照尉繚和李斯的建議先滅韓國，然後再對魏、趙兩國用兵。

一天，秦王政突然召集眾臣，宣布說：

「桓齮將軍橫掃趙國十萬大軍，寡人實在高興之至，因此決定親自到河南之地去看一看。」

秦王政所說的河南並不是今天的河南省，而是指黃河以南的廣大地區，與今天的河南省所在的位置大體相當。秦王政此話一出，立即有大臣站出來反對：

「大王，河南之地大部分還在韓、趙、魏三國的控制之下，大王貿然前往定然十分兇險，請大王三思！」

秦王政大笑道：

「寡人難道會害怕韓、趙、魏三國的流寇嗎？寡人的桓齮大將軍與數萬士兵正在前線浴血奮戰，寡人不能不去看看他們。寡人心意已決，眾愛卿不必再說什麼了。」

眾臣明白，秦王政一旦下定決心，是沒人能改變他的決定的。幾天後，秦王政的車架就浩浩蕩蕩向東而去。數萬士兵將簇擁著秦王政的馬車，保護他的安全。韓、趙、魏三國的百姓聽說親王東巡，夾道歡迎者有之，想要謀殺他的人亦有之。不過，在數萬大軍的保護下，想要謀殺秦王政幾乎是不可能的事情。因此，他只看到了那些夾道歡迎的百姓。

這是秦王政回到咸陽之後第一次離開秦國的領土，也是他第一次親臨戰場。當他來到戰場之時，桓齮早已將數萬士卒列成方陣等待他的檢閱了。秦王政走到方陣前，拔出腰間的寶劍，向天空一指，數萬士兵都齊聲喊道：

「萬歲！萬歲！萬歲！」

秦王政猛地收回寶劍，歡呼之聲戛然而止，檢閱場如同曠野一般安靜。秦王政高說道：

「大家此次東征既是為寡人打天下，也是為你們自己爭取功名。如今，大家已經征戰數月，趙國也已經筋疲力盡，寡人希望大家一鼓作氣，直奔邯鄲，活捉趙王！」

桓齮隨即便高聲附和道：

「活捉趙王！」

士兵們也立即齊聲高呼：

「活捉趙王，活捉趙王！」

秦王政此次東巡意義重大。秦國數萬士卒見到秦王政後，都倍受鼓舞，作戰也更加賣力，這就加速了秦國一統天下的步伐。而秦王政自己也更加堅定了一統天下的決心，因為一路上韓、趙、魏三國秀麗的江山給他留下了深刻的印象。

# 第十章 以強攻弱踏平韓國

秦王掃六合，虎視何雄哉！揮劍決浮雲，諸侯盡西來。

——（唐）李白

## (一)

秦王政從前線回到咸陽不久，李斯便急匆匆入宮覲見。向秦王政深深一躬後，李斯說道：

「臣聽說韓王正在與韓非商議削弱秦國的方法。韓非足智多謀，大王不得不提前籌畫應對之法啊！」

秦王政沉思片刻，說道：

「愛卿所言極是。只是我們並不知道韓非將用什麼計策，你讓寡人如何防範呢？」

李斯建議說：

「以不變應萬變，請韓非入秦，為大王所用。」

秦王政是何等聰明之人！他聽李斯如此一說，恍然大悟：

「好，好，這是個好辦法！可是，只怕趙遷那小子不會放韓非入秦啊！」

李斯分析說：

「對韓王來說，韓非不過是一介書生，根本沒有什麼用處。即便韓國再多幾個韓非，也不過是多苟延殘喘幾日罷了。如果大王向韓王所要韓非，他定然會答應的。若他不答應，大王便可名正言順地向韓國用兵了。」

秦王政聽完李斯的分析，猛地從榻上站起來，大聲說道：

「好！就依你之計，寡人即刻派人向趙遷索要韓非。」

## 第十章 以強攻弱踏平韓國

（一）

不久，秦王政派出的使者便抵達韓國都城新政（今河南省新政市），韓王安親自出迎。當秦王政的使者說明來意之後，韓王安驚慌失措回答說：「大王派天使來請韓非，臣不敢不同意，只是不知道那韓非同不同意。待臣好生勸說韓非之後，再向天使回復，請天使耐心等待幾天。」

說完，韓王安便命人將秦王政的使者領去休息，而他自己則火速召見韓非入宮。韓非剛剛得到韓王安的重用，正是意氣風發之時。因此在聽完韓王的介紹後，他憂心忡忡說：

「秦王派來的奸細在東方各國活動，弄得各國之間互相猜疑，矛盾重重，業已無法再組成合縱之勢了。在秦國的強大壓力之下，各國諸侯猶如累卵，岌岌可危。而在各國之中又以我韓國最為危險。這些年來，國家積弱，軍隊不振，而秦虎視眈眈。一旦秦王政大舉入侵，韓國就完了！」

韓王安急切問道：

「那寡人該怎麼辦呢？要不就遂了秦王的心願，送你入秦怎麼樣？」

韓非一聽韓王此言，心裡默念道：

「國家積弱，又有大王如此，只恐我韓國亡國之日真的不遠了。」

心灰意冷的韓非向韓王深深一躬，說道：

「臣自當入秦，但定當全力為韓國謀求一條生路。臣聽說，秦王為了逼迫臣西入咸陽，已經在秦、韓邊境地區部署了重兵。如果臣不遂秦王政的心願，他定然會以此為藉口，大舉入侵韓國。」

說完，韓非轉身離開了王宮。韓王安望著韓非的背影，心裡五味雜陳，很不是滋味。

幾天之後，韓非便跟著秦王政的使者往咸陽方向而去。在路上，韓非文思泉湧，立即手執刻刀，在竹簡上刻下了《存韓》一文，準備呈給秦王政。

秦王政見韓非入秦，親自出宮迎接。他快步上前，拉住韓非的手，懇切說：

「寡人很想念公子啊！往日只能讀公子的文章聊以自慰，今日終於可以親眼見到公子了！」

韓非深深一躬，冷冷回答說：

「韓非何德何能，竟讓大王如此牽掛。」

來到宮殿之上，韓非再拜，然後將《存韓》一文呈獻給秦王政。秦王政打開竹簡，逐字讀了起來。秦王政很快就發現，和韓非的其他著述不同，《存韓》全然不提如何為君馭民，只講各國諸侯之間的縱橫關係，並且竭力勸說自己保存韓國，轉而攻打趙國。韓非的理由是：弱小的韓國已經臣服秦國幾十年，就如同秦國的郡縣一樣；而趙國卻多次挑起事端，企圖削弱秦國。因此，秦不應放著最大的禍患趙國不打，先去伐韓。

再次，韓非竭力使秦王政相信，一旦秦國伐韓，韓國定然會上下齊心，誓死抵抗，秦國迅速滅韓的幾率微乎其微。而且如此一來，韓

## 第十章 以強攻弱踏平韓國

（一）

國必然不再向秦國稱臣，而是與魏、齊等國聯合，與秦國為敵。那麼，即便秦軍驍勇善戰，也無法一舉消滅東方各國。

因此，韓非建議秦王政派人使楚、魏兩國，存韓而伐趙。等到天下大定之時，秦國根本不必出兵韓國，只需要寫一封檄文，就可讓韓國歸順了。

## (二)

秦王政看完韓非的諫書後，輕輕笑了笑，然後向韓非揮了揮手，說道：

「公子初到秦國，想必已經很累了，何不先去休息一下呢？」

韓非站起來，深深一躬，轉身離開了。秦王政留下了李斯和尉繚等人，討論韓非的「存韓」建議。秦王政將韓非的諫書丟給李斯。李斯看了看，大聲道說：

「這是離間之計，大王不可輕信。」

秦王政說：

「先行滅韓是歷代先王的既定方針，我大秦的一切軍事部署也都是照此安排的。如果採納韓非的建議，寡人豈不是要改變既定部署？愛卿放心，寡人不會輕易相信韓非的。此人對韓國忠心耿耿，暫時還不會為寡人所用。韓非能助寡人治天下，但不能助寡人取天下。能助寡人取天下者，只有愛卿等數人。」

《存韓》諫書已經讓秦王政對韓非心存芥蒂，韓非也覺察到了這一點。然而，為了能讓韓國苟延殘喘幾年，韓非全然不顧自己的性命，居然在不久之後再次上書，離間秦王政與其大臣的關係。

秦王政曾接受尉繚等人的建議，派姚賈懷揣重金前往東方六國離間諸侯的關係。姚賈是魏國人，出身低微（其父是魏國的一個守門小吏），但頗有機謀。年輕時，他曾在趙國為官，因監守自盜被趙王驅逐了。

秦王政曾召集六十餘人，問誰可赴東方六國實施離間計，姚賈毛遂自薦，自願前往。於是，秦王政便給了他馬車百輛，黃金千金，派其出使各諸侯國。

幾年過去了，姚賈不辱使命，成功地離間了各諸侯，並於西元前二三三年返回咸陽。秦王政親自出宮相迎，並立即封姚賈為上卿，賜爵千戶侯。

這件事情很快就傳到了韓非的耳朵裡。對秦王政和秦國來說，姚賈成功離間東方六國功勞甚大，但對韓非和韓國來說，這無異於雪上加霜。於是，他立即草擬一封諫書，歷陳姚賈的不是。

在諫書中，韓非稱姚賈帶著巨額的珠玉金銀，由南至北，出使三年，未必離間了各諸侯的關係，但卻把秦國國庫的金銀花光了。這是姚賈憑藉大王的權威、國家的資財，在為自己的私利交結諸侯。

韓非還進一步離間說：

「姚賈本是魏國監門之子，而且曾在魏國行盜。後來，姚賈到趙國為臣，又被驅逐。讓這麼一個監守自盜的魏國大盜和趙國的逐臣參與有關秦國社稷的決策，怎麼能鼓勵群臣忠心為國呢？」

秦王政本來就十分多疑，看了韓非的諫書之後，心中的疑慮又多了一層。為了避免不必要的麻煩，秦王政立即罷了姚賈的官職，並著人嚴加審訊。

姚賈不服，要求當面向秦王政解釋清楚。秦王政本來也不大相信韓非之言，只是對姚賈有所懷疑而已。因此，當姚賈要求面見自己時，秦王政立即答應了。

秦王政坐在殿上，威嚴的問：

「我聽說，你在東方六國，經常用寡人的錢財結交各國諸侯，可有這樣的事？」

姚賈回答說：

「啟稟大王，確有此事。」

秦王政拂袖而起，斥責道：

「既然如此，你為什麼還要求見寡人？」

姚賈不慌不忙說：

「假若臣結交東方諸侯是為了一己私利，我又何必回到咸陽呢？如果姚賈不忠於大王，東方各國諸侯又怎麼會相信我，互相猜忌呢？夏桀聽信讒言而誅殺良將，商周聽信讒言而殺害忠臣，結果都落了個身死國破的下場。如果大王聽信讒言的話，恐怕滿朝文武再也沒有忠臣了。」

聽了姚賈的話，秦王政的怒氣消了大半：

「你可知道你的出身？你是監門之子，梁上大盜，趙國的逐臣，你讓寡人怎麼相信呢？」

姚賈冷冷一笑，隨即便陳述了歷史上出身低微、名聲不好，但卻對主上忠心耿耿的名臣。然後又說道：

「明主大多不在乎臣下身上的汙點，不聽信別人對臣下的誹謗，只是看臣下是否可為自己所用。所以，那些能夠保存社稷的明主絕不會聽信外面的讒言而妄加懲罰臣下，也不會因為一個人名聲在外而封賞於他。正因如此，群臣才不敢對明主有不切實際的要求。」

聽了姚賈的一番話，秦王政心中的怒氣已經消失殆盡。他點了點頭，輕聲道：

「愛卿所言有道理，寡人差一點犯了大錯啊！」

隨後，秦王政立即下詔，令姚賈官復原職。

姚賈復職了，韓非自然就慘了。韓非以莫須有的罪名向秦王政進讒，誣告姚賈，其用心十分明顯。他既想離間秦國君臣的關係，也想破壞秦國離間東方諸侯的戰略性計畫。如果秦王政殺了姚賈，恐怕再也沒有人願意前往東方六國實施離間計畫了。

由此，秦王政對韓非十分不滿，並逐漸產生了驅逐他的想法。就在這時，嫉妒韓非才華的李斯連同姚賈一起在秦王政面前誣陷韓非，說他入秦以來不但沒有尺寸之功，反而誣陷有功之臣，用心險惡，論罪當誅。

正在氣頭上的秦王政聽信了李斯和姚賈的建議，立即派人捉拿韓非入獄。韓非入獄後，李斯又祕密派人送毒藥給韓非，讓他服毒而死。韓非大喊冤枉，想要向秦王政陳述自己無罪。但在李斯的控制下，韓非根本就沒有自我申辯的機會。不久，韓非就死在了秦國的大獄之中。

恰在此時，秦王政突然醒悟過來，覺得韓非可以誣陷姚賈，那李斯和姚賈也同樣可以誣陷韓非，因此立即命人前去大獄釋放韓非。

然而，秦王政的傳令官還是晚到了一步。當他來到大獄之時，韓非已經自盡而死了。

## （三）

韓非的死讓秦王政失去了一位治理天下的賢才。究其原因，韓非是死於李斯的陷害。秦王政雖然知道這一點，但也不想深究。在一統天下的大業中，李斯、姚賈等人對他還有很大用處的，他不想為了一個死去之人而自斷左膀右臂。

韓非死後，韓王安立即派使者執臣子之禮，前往咸陽，公開表示要向秦王政稱臣。秦王政欣然受之。

就在這時，前線傳來了一個令人意外的消息。桓齮將軍率領的十萬大軍在宜安（今河北省槁城市西南）與趙國名將李牧遭遇，結果秦國十萬大軍悉數被殲。桓齮則喬裝打扮，化名樊於期，畏罪逃亡，不知去向。

秦王政大怒，立即派人將桓齮滿門抄斬，老弱病殘一人不留。余怒未消的秦王政還下令道：

「凡是活捉或殺死桓齮者，寡人立即封其為萬戶侯，賞金千斤！」

桓齮的宜安之敗是秦王政自親政以來在軍事上遭遇的第一個重大挫折。秦王政遂將一腔怒氣全都撒在桓齮的身上。怒火逐漸平息之後，秦王政又召見了李斯、尉繚和王翦等人，商議對東方六國的用兵之事。

尉繚和王翦主張繼續對趙用兵，待其兵力匱乏之時再轉而攻韓，以免趙國趁秦國對韓國用兵之時從後偷襲秦軍。秦王政深以為然，採納了他們的意見。

西元前二三二年，秦軍兵分兩路，一路從鄴城出發，一路從太原出發，直取趙國軍事重鎮狼孟（今陝西省陽曲縣）。正在兩軍酣戰之際，咸陽突然地動山搖，發生了地震。秦王政立即請天文館預測吉凶。天文館以為，地震是上天對人間的警示，因此勸秦王政暫且休兵。秦王政聽到這一說法後，立即撤兵休整，以待來年再戰。

秦國休兵之後，各國之間保持了近一年的平靜。不過，秦王政在私底下並沒閒著，他不斷召集眾臣，商議對韓國用兵之事。當時，趙國屢遭重創，基本上已沒可能再從背後威脅秦軍的安全了。因此，秦王政便打算按照既定部署，逐步消滅六國。

按照既定部署，秦滅六國的第一個戰略目標就是韓國。由於韓國地處秦軍東進的要衝，是「天下之咽喉」，而韓於山東六國中又實力最弱，因而別無選擇成為秦滅六國的第一個戰略目標。

西元前二三一年初，韓王安為了表示對秦王政的忠心，命使者攜帶南陽地圖，將南陽之地獻給秦國。秦王政大喜，立即任命內史騰前往南陽任假守。所謂假守，用今天的話來說就是代理市長。內史騰是一個很有才能且對秦國忠心耿耿之人，事秦昭襄王、秦孝文王、秦莊襄王和秦王政四朝，是朝中為數不多的老臣。

韓國主動獻地，魏國唯恐秦國遷怒於魏，轉而向魏國用兵。此時，魏安釐王已經逝世多年，其子魏增執政，史稱魏景湣王（？到西元前二二八年，西元前二四二到前二二八年在位）也派使者執臣子之禮，前往咸陽向秦王政獻地。秦王政大喜，認為對韓國用兵的時機已到，

## 第十章 以強攻弱踏平韓國
（三）

因此立即下令登記秦國男子的年齡，準備大規模徵兵，一舉滅掉韓國。

一天晚上，秦王政派使者祕密前往南陽，去請內史騰，與他商議就近消滅韓國之事。內史騰不敢怠慢，連夜出發。幾日後，內史騰滿臉風霜趕到咸陽，秦王政親自在大殿之下迎接。

隨後，秦王政將內史騰引入後殿，分君臣坐了下來，秦王政這才開口說道：

「寡人這次召見愛卿是為了滅韓之事。如今，趙國已經疲憊不堪，再也無法從背後威脅我軍的安全了；而韓國多年積弱，更是不堪一擊。如果寡人突然發兵，韓國便可成為我囊中之物。」

內史騰略一沉思，問道：

「大王是想從南陽之地就近發兵，以便攻其不備？」

秦王政笑道：

「知寡人者莫若卿也！寡人想讓你領兵，從南陽直奔韓都新政，消滅韓國，活捉韓安。」

內史騰站起來，向秦王政深深一躬，朗聲道：

「臣定當不負使命，只不過，臣以為此次發兵重在保密。如果我軍能突然發動攻擊，襲其不備，韓國在數日之內便可平定。但如果走漏了消息，韓國事先做了準備，只怕此戰會遷延時日。滅韓是我大秦一統天下的第一戰，如若久攻不下，定然會助長東方各國的威風，滅我大秦的士氣。」

秦王政起身走到內史騰的面前，雙手扶起他，笑道：

「愛卿與寡人之策不謀而合。好，一切照你所說的辦。」

內史騰離開後，便開始按照秦王政的旨意祕密調兵遣將，將其部署在南陽一帶。西元前二三〇年，秦軍滅韓的一切準備工作已經做好了。秦王政一聲令下，內史騰便率領數萬秦軍將士直撲新政而去。韓國軍民還沒等反應過來，內史騰便攻下了新政，俘虜了韓王安。

從此，韓國便在戰國的版圖上消失了。秦王政下令在原先韓國的土地上設置潁川郡，派郡守治之。秦王政一統天下的第一個戰略性目標就這樣輕而易舉實現了。

# 第十一章 施反間計滅掉趙國

雖四三皇、六五帝，曾不足比靈斯也。

——（近代）章太炎

## (一)

趙國曾是戰國七雄之中實力僅次於秦國的大國，國富兵強，良將如雲，如擁有廉頗、趙奢、李牧等大將。不過在長平之戰後，趙軍損失了數十萬大軍，從此便一蹶不振。趙奢死後，廉頗出走楚國，朝中將才也開始凋落，唯有李牧還可以領兵征戰。更為悲慘的是，趙國君臣隔膜很深，文官與武將不睦，彼此經常發生爭執。

趙國周邊的環境也不太平，同東北方向的鄰國燕國長期不睦，經常兵戎相見，相互攻伐。即使是在合縱攻秦之時，兩國之間也是貌合神離、勾心鬥角。此外，趙國北部邊境與匈奴相接，經常遭受這個強大的游牧民族的騷擾。因此，即便是秦軍大軍壓境之際，趙國也不得不分兵據守北部和東北邊境，以防匈奴和燕國從後方偷襲。

秦王政滅韓之後，立即將矛頭對準了趙國。就在此時，秦王政安插在趙國的間諜帶來了一個好消息：

「啟稟大王，天滅趙國啊！」

「哦？」秦王政驚訝得合不攏嘴，用手指了指邊上的坐榻，示意來人坐下，「先坐下，再慢慢說。」

來人坐下後，急切地說：

「趙國正在遭遇天譴，地動山搖，自樂徐（今河北省滿城縣西北）以西，北至平陰（在今山西省陽高縣南），房屋毀其大半，大地裂開了一道東西寬一百三十步的大口子。百姓死者不計其數，流離失所者

## 第十一章 施反間計滅掉趙國

（一）

數不勝數。如今，趙國到處在傳唱『趙為號，秦為笑。以為不信，視地之生毛』的童謠。」

秦王政聽罷，大笑道：

「真是天助我大秦啊！」

這時尉繚上前一步，向秦王政深深一躬，朗聲說道：

「大王，我們應該抓住這個千載難逢的機會一舉消滅趙國。」

秦王政望著東方的天空，喃喃道：

「寡人等這一天已經等了十幾年。上天有眼，讓寡人得此良機！寡人怎能不好好利用呢？」

說罷，秦王政立即宣王翦、楊端和及羌瘣覲見。由於史料有限，現已無法知曉羌瘣此前的生平事蹟。不過可以肯定的是，他和王翦、楊端和一樣，都是秦王政手下能征善戰的驍勇之將。

王翦等人入宮覲見後，秦王政笑著說道：

「上天懲罰趙國，使其百姓流離失所，死傷無數，此時正是我大秦消滅趙國的大好良機。寡人召見眾位愛卿，正是為了此事。」

王翦皺了皺眉頭，張了張嘴，似乎想說什麼，但終究沒說。秦王政的眼睛敏銳捕捉到了王翦微小的動作，忙問道：

「王愛卿有什麼話要說？」

這時王翦上前一步，向秦王政深深一躬，回答說：

「如今天助我大秦，自然是用兵的大好時機。只不過，大王切莫忘記桓齮宜安兵敗逃亡一事。桓齮這廝本也是一名能征善戰之將，但遇到李牧之後仍不免全軍覆沒。所謂『擒賊先擒王』，臣以為想要破趙軍，不能不先除掉李牧。」

秦王政聞聽王翦此言，面露不悅之色，冷冷說：

「王將軍難道是怕了李牧嗎？」

王翦立即回答說：

「臣豈會害怕區區一個李牧？只不過，為將之道貴在用謀，而不是一味死戰。假若趙國有李牧在，我大秦士卒不知要枉死多少啊！請大王明察！」

秦王政略一思忖，說道：

「愛卿所言很有道理。李牧定然要除，但急切不能成事，這件事還要從長計議。」

隨後秦王政宣布，任命王翦、楊端和、羌瘣等人為將，即日起便開始集結部隊，籌措糧草，準備攻打趙國。

## (二)

西元前二二九年，即秦王政十八年，秦王政命秦軍兵分三路，全力攻打趙國。王翦領一路，從上黨出發，由西向東，直奔趙國的軍事重鎮井陘（今河北省井陘縣）而去，待攻下井陘之後，再北向南，威逼邯鄲；楊端和領一路，由河內（今河南省黃河以北地區）出發，直撲趙國的腹心，圍困邯鄲；羌瘣領一路，居於王翦和楊端和所部中間，作為兩路大軍的援軍。

趙幽繆王聞訊後，立即任命李牧、司馬尚為將，統帥趙軍，全力抵抗入侵的秦軍。正所謂「棋逢對手，將遇良才」，李牧與王翦在趙國腹地擺開了陣勢，好一場廝殺，但仍無法分出勝負。

戰役逐漸進入僵持階段，王翦便命令部隊轉攻為守，以降低士卒的傷亡率。與此同時，王翦又派人火速趕往咸陽，催促秦王政早日想辦法對付李牧。

秦王政接到王翦的報告後，才意識到李牧確實是一位不可低估的敵人。如果李牧不死，趙軍至少還能再撐上兩三年，這對秦國一統天下的霸業顯然是不利的。首先，李牧的存在，勢必會給秦軍造成重大傷亡，讓秦國因此而沒有足夠的兵力繼續進攻其他諸侯國；其次，如果秦軍與趙軍久久僵持不下的話，秦國的軍心、民心也會受到打擊，從而影響到秦國政局的穩定。

左思右想之後，秦王政決定使用最有效的方法——反間計，讓趙幽繆王親手誅殺李牧。於是，秦王政叫來一位能言善辯之人，給了他許多黃金，讓他祕密前往趙國賄賂郭開。

郭開是趙國的兩朝元老，也是趙幽繆王身邊的紅人。更重要的是，郭開是一個小人。趙國一代名將廉頗就是因他在趙悼襄王面前進讒，才被解除了兵權。

趙悼襄王十分寵信郭開，而郭開也很會哄趙王開心。剛直不阿的廉頗看不慣這個只會溜鬚拍馬的小人，在一次宴會上當面斥責了他，結果郭開就懷恨在心，伺機在趙悼襄王面前進讒，慫恿趙王解除了廉頗的兵權，逼走了廉頗。

被迫離開軍隊之後，廉頗勃然大怒，竟然領兵攻打代替他的樂乘。隨後，廉頗憤然離開趙國，前往魏國都城大梁。魏王雖然十分敬重廉頗，讓人好生招待他，但並不信任他，更沒有委以重任。

後來，趙悼襄王面臨秦軍的壓力，多次想重新啟用廉頗。趙王派遣使者唐玖去帶著一副名貴的盔甲和幾匹快馬到大梁去慰問廉頗，看廉頗還是否可用。郭開唯恐廉頗再次得勢，威脅到自己的利益，便暗中給了唐玖很多金錢，讓他在趙王面前說廉頗的壞話。

唐玖見到廉頗以後，廉頗當著他的面吃了一斗米，十斤肉，還披甲上馬，表示自己老當益壯。然而，收受了郭開賄賂的唐玖回到邯鄲後卻對趙王說：

「廉將軍雖然老了，但飯量還很好。他一頓飯吃了一斗米，十斤肉、。不過，臣他和坐在一起發現，他沒多久就拉了三次屎。」

## 第十一章 施反間計滅掉趙國（二）

趙王搖了搖頭，嘆息道：

「廉頗真是老了，不中用了！」

就這樣，廉頗沒能再次得到趙悼襄王的重用，最後不得不前往楚國為將。耐人尋味的是，像郭開這樣的小人在趙國王權更替之時不但沒有剔除出朝廷，反而再次得到了昏庸的趙幽繆王的寵信。郭開這個小人不但斷送了廉頗的一生，也斷送了趙國的大好河山。

當秦王政的使者攜帶大量金銀珠寶來到郭開面前時，郭開眉開眼笑說：

「我能為秦王做些什麼呢？」

秦王政的使者用手做了一個抹脖子的動作，低聲道：

「李牧和司馬尚！」

郭開笑道：

「小事一樁，就交給我吧！」

秦王政的使者見郭開為了金錢，竟然絲毫不將趙國的安危放在心上，就問他：

「你不怕趙國滅亡嗎？」

郭開竟然笑著說：

「你知道廉頗嗎？趙國的存亡是整個國家的事，可廉頗是我個人的仇敵。這一次也一樣，趙國的存亡是整個國家之事，但金錢卻是我一個人的。」

秦王政的使者哈哈大笑，留下金銀珠寶後便返回咸陽覆命去了。

秦王政聽了使者的闡述，嘆息道：

「趙國有這樣的臣子，又怎麼能不亡國呢？」

## (三)

郭開收了秦王政的金銀珠寶後，果然在趙幽繆王的面前說李牧等人的壞話，企圖剝奪李牧和司馬尚的兵權。他對趙幽繆王說：

「大王，如今秦國大軍壓境，我趙國的兵權悉數掌握在李牧和司馬尚的手裡，大王就不擔心嗎？」

「擔心什麼？」趙幽繆王驚訝問。

郭開奸笑了一下，附在趙幽繆王的耳邊，輕聲說道：

「臣聽說李牧與司馬尚擁兵自重，有不臣之心，想自立為王。」

趙幽繆王勃然大怒：

「真有此事？這個李牧，寡人待他不薄，他為何要反寡人呢？」

郭開回答說：

「大王，你想啊，他在大王手下為將，最多也不過是一個將軍。如果殺了大王，自立為王的話……」

突然，郭開假裝惶恐的樣子伏在地上，再拜道：

「臣該死，臣該死！大王福壽綿長，絕不會中了李牧這個小人的奸計的！」

趙幽繆王趕緊下來扶起郭開，說道：

「愛卿是為寡人著想，寡人絕不會怪罪你的失言的。」

郭開站了起來，又低聲說：

「大王，對李牧和司馬尚這兩個狼心賊子，真是不可不防啊！」

昏庸的趙幽繆王竟然不加調查，立即下令剝奪了李牧和司馬尚的兵權，派趙蔥和齊將顏聚代替他們的職務。

李牧聞訊慟哭道：

「我的命完了，趙國也完了！」

司馬尚焦急大叫道：

「將軍，難道我們就這樣眼睜睜看著趙國滅亡嗎？」

李牧略一沉思，堅定說：

「趙國數百年的基業就要毀了。你我世受國恩，絕不能眼睜睜看著大王胡作非為。」

司馬尚見狀，也喃喃說道：

「大王不足事，但我等不能不為報國恩而死戰啊！將軍，如今士卒只認將軍為將，而不認趙蔥和顏聚，只要將軍不交出兵符，他們也無可奈何。」

李牧淒涼說：

「看來也只有這樣了，眼下只能撐一天是一天了。」

李牧拒絕交出兵權，這無疑更加加重了趙幽繆王對他的疑心。郭開也趁機在一旁進讒：

「大王，李牧果真有謀反之心啊！否則，他為何不肯交出兵權呢？」

趙幽繆王急切問：

「那寡人該怎麼辦呢？」

## 第十一章 施反間計滅掉趙國

（三）

郭開附在趙幽繆王耳邊，小聲嘀咕了幾句。趙幽繆王立刻大笑道：

「妙計！妙計！如果沒有愛卿，寡人之國就要被李牧奪去了！」

幾天後，李牧接到趙幽繆王的詔書，命他緊急趕赴邯鄲，商議國事。對趙國忠心耿耿的李牧絲毫沒有懷疑趙幽繆王詔書背後的陰謀，將軍中事務交給司馬尚後，立即往邯鄲趕去。

李牧怎麼也沒有想到，他剛剛步入王宮，就被一群武士圍了起來。郭開厲聲指責他要謀反，趙幽繆王則在一旁大聲喝道：

「寡人待你不薄，你為何要反寡人呢？」

李牧跪在地上，大聲辯解：

「臣絕無謀反之心啊！」

郭開厲聲道：

「既然沒有謀反之心，你右臂裡藏的是什麼？難道不是兇器嗎？」

李牧天生殘疾，右臂伸不直。即便是向趙王行跪拜禮時，右臂也夠不著地。為了表示對趙王的尊敬，李牧不得不做了一根假肢。他看了看自己右臂的假肢，忽然淒涼笑了起來。

趙幽繆王聽到郭開提到「兇器」，又見李牧那傷心欲絕的笑容，立即下令道：

「給我把他亂劍刺死！」

李牧見趙幽繆王如此昏庸，自己又無法脫身，遂生以死明志之心。他站起來，從一名武士的手中奪過寶劍，將劍尖含在口中，往一旁的柱子上撞去……

可憐一代名將，因為右臂殘疾，無法舉劍抹脖子，只好採取這種慘烈的死法結束了自己的生命。

李牧死後，司馬尚也被剝奪了兵權，趙蔥和顏聚繼續領導趙軍抵抗王翦和楊端和的兩路大軍。趙國的百姓紛紛閉門痛哭，悼念一代名將李牧。

李牧吞劍自裁的消息傳到咸陽後，秦王政大笑，連聲道：

「趙國現在已是寡人囊中之物了。」

隨後，秦王政便命王翦和楊端和全力攻趙。秦軍兩路人馬在王翦和楊端和的帶領下，合力圍攻趙軍。趙蔥和顏聚無力抵抗，兵敗被俘。三個月後，秦軍蕩平了趙國，攻克了邯鄲，俘虜了昏庸的趙幽繆王。

這位無能的君主在最後一刻終於醒悟了。當他規規矩矩把邯鄲地圖和價值連城的和氏璧高高舉過頭頂，跪在秦王政腳下稱臣之時，他想到了冤死的李牧。

後來，秦王政將趙遷流放到房陵（今湖北省房縣）。在異國他鄉，趙遷終日以淚洗面，喟嘆道：

「假如有李牧在，秦人又怎麼有機會吃上我邯鄲的糧食呢？」

然而一切都晚了，趙遷只能在痛苦之中後悔自己殺害良臣，最後落了個國破家亡的悲慘結局。不久，趙遷便鬱鬱而終，趙國正式滅亡。

# 第十二章 荊軻刺秦，燕國滅亡

及至始皇，奮六世之餘烈，振長策而御宇內，吞二周而亡諸侯，履至尊而制六合，執敲撲而鞭笞天下，威振四海。

——（西漢）賈誼

## (一)

西元前二二八年，秦軍剛剛蕩平趙國，秦王政便不顧眾臣的勸阻，親自來到闊別了二十三年之久的邯鄲。

邯鄲裡是秦王政的出生地，也是他的傷心地。在人生最初的幾年中，他和母親在邯鄲受盡凌辱，不得不東躲西藏討生活。而今，昔日的逃犯已經成為趙人的主宰了。

重臨邯鄲，秦王政的內心感慨良多。不過，他胸中的復仇之火遠比感慨更多。他立即命令士卒將邯鄲百姓悉數趕到街上。看著伏在地上不敢抬頭的邯鄲人，秦王政大聲喝道：

「如今，寡人已經蕩平趙國，你們已經是寡人的子民。既然已是寡人的子民，寡人自然不會殺你們。但大丈夫有仇不可不報，你們是否記得，二十三年前流浪在邯鄲街頭的趙政？你們是否還記得，你們是如何對待他的？告訴你們，寡人就是趙政！」

說到這裡，秦王政抬頭望了望天空，努力控制住自己的情緒，擔心自己會在眾人面前流淚失態。沉默良久，秦王政又冷冷說：

「寡人不殺你們，但那些曾經欺負過寡人母子的傢伙必須死！寡人給你們一炷香的時間，如果那些曾經欺凌過寡人母子的傢伙自動站出來，你們就可以回家。不然的話，休怪寡人無情……」

說完，秦王政便做了一個抹脖子的動作。這時，人群中有個人站了起來，顫巍巍走到最前面，又跪在地上。

## 第十二章 荊軻刺秦，燕國滅亡

（一）

接著，第二個人，第三個人……也陸續跪到秦王政的面前。秦王政冷笑道：

「很好！其他人可以回家了！」

秦王政此言一出，人們紛紛從地上爬起來，後退著離開了。待人群散盡後，秦王政命令士卒道：

「到城外挖個坑，把這些人全部活埋，一個不留！」

說完，秦王政便轉身離開了。有的影視作品在講述這段歷史時，用了非常誇張的手法，說秦王政攻下邯鄲之後，立即命令屠城。但這只不過是一種藝術表現手法而已。根據《史記·秦始皇本紀》中記載，秦王政不過活埋了幾個與他有仇的人。

邯鄲平定之後，秦王政便取道太原、上黨，然後返回咸陽。秦王政所到之處，「萬歲」之聲不絕於耳，他心中的權力欲與控制欲日漸膨脹起來。

剛剛回到咸陽，趙太后便去世了。秦王政草草為母親舉辦了國喪後，便又開始籌畫攻伐燕國之事了。秦軍在攻破邯鄲之後，趙幽繆王的長兄趙公子嘉帶著一部分宗室大臣逃到了毗鄰燕國的代郡（今山西省西北部、河北省東北部一帶），自立為代王。

趙嘉是趙悼襄王的嫡長子，但卻因趙幽繆王之母在趙悼襄王面前進讒，未能繼承大統。如今，包括都城在內的大部分地區已盡歸秦國，趙幽繆王被俘，趙嘉終於有機會登上王位了。但是，他所面臨的卻是一個千瘡百孔、滿目瘡痍的國家。

與趙幽繆王相比，趙嘉頗有政治和軍事才能。他知道，單憑趙國一國的實力已無法與強大的秦軍抗衡了，只能向趙國的傳統敵國燕國求救。

在戰果七雄之中，燕國是個相對弱小的國家，時時遭受著趙國、齊國和秦國的威脅。但其歷代君王勵精圖治，總算保住了江山社稷。

在接到趙嘉的求助信函之後，燕國的末代君王燕喜立即召集群臣商議對策。

太子丹首先出列，認為當今秦國獨大，趙國已經基本亡國，秦軍的下一個目標必定是燕國。如果燕國與趙嘉合兵一處，尚有自保的可能；否則秦軍一到，燕國馬上就會面臨亡國的危險。

燕王喜深以為然，立即派使者前去見趙嘉，答應了他的請求。趙嘉欣喜若狂，即刻領兵與燕軍合兵一處，駐守在上谷（今河北省懷來縣附近），準備迎擊秦軍。

## (二)

史書上關於太子丹的記載較少，但此人在歷史上的名氣卻非常大。許多影視和文學作品也大書特書，塑造了太子丹英武、睿智但又缺乏政治遠見的形象。這大體上是符合歷史事實的。不過有一點需加以強調的是，太子丹和秦王政一樣，都是心胸狹窄、睚眥必報之人。

太子丹早在趙國為質時，就與秦王政相識。他當時的處境要稍比秦王政好些。或許正是因為如此，才引起了秦王政的嫉妒。後來，秦王政登上了秦國國君的寶座，而太子丹卻再次為質，被父王燕喜送到咸陽。

太子丹思念故國，便向昔日的好友秦王政提出請求，希望他能放自己回國。或許是出於昔日的恩怨，也或許是為了秦國一統天下的霸業著想，秦王政不但沒有答應太子丹的請求，反而奚落他說：

「待烏鴉頭上生出白毛，馬頭上生角的時候，寡人便答應你回國的請求。」

太子丹對此懷恨在心，千方百計伺機報復。後來，太子丹在燕國間諜的幫助下逃離秦國。回國後，太子丹開始重用田光，企圖向秦國復仇。

田光學識淵博，智勇雙全，但由於對戰亂連年的現實不滿，他拒絕為官，因此被燕國人稱為 「節俠」。田光雖然不肯做官，但卻一生行俠仗義，廣交朋友。晚年時期，田光留居燕都薊城（今北京市），與太子丹的師傅鞠武相交甚密。

當秦軍大舉進攻趙國時，太子丹便立即召見田光商議對策。太子丹雖然缺乏政治眼光，但絕不是一個毫無謀略之人。他深知，憑藉趙嘉和燕國的幾萬軍隊，根本無力阻擋秦軍的兵鋒。在太子丹看來，想要保住燕國，唯一的辦法就是刺殺秦王政，阻止秦國一統天下。

因此，太子丹向田光說了自己的想法。但田光回到說：

「啟稟殿下，老朽年邁，已經不堪重用了。殿下既然想成大事，老朽就向殿下推薦一人。」

「誰呢？」太子丹急切問。

「衛國人荊軻，人稱慶卿。」

荊軻在燕國的名氣很大，太子丹也早就聽說過他的名字了。荊軻年少時尚遊俠、好擊劍，練就了一身好武藝。來到薊城後，荊軻經常與善於擊築的高漸離、狗屠等人交遊。眾人經常在鬧市上飲酒，然後高漸離擊築，荊軻舞劍而歌。

這一切行為引起了田光的注意，他也頗為善待荊軻等人。田光知道荊軻心懷大志，絕非等閒之輩，所以太子丹請田光刺殺秦王政之時，田光便向他推薦了荊軻。

太子丹聞言，高興問道：

「我是否能透過先生結交荊軻呢？」

「可以。」田光回答。

隨扈田光先生起身告辭，準備回去請荊軻。太子丹親自送田光到宮門旁，臨別時還囑咐他說：

「剛才我們所說的都是國家大事，希望先生不要洩露給外人。」

「請殿下放心。」田光回答。

田光見到荊軻後，先是深深一躬，然後才說道：

「先生與老朽相交，燕都中無人不知、無人不曉。今日太子丹以『燕秦誓不兩立』的機密大事向我求助，無奈我已年老無能，願先生能留意這件事。老朽竊以為與先生交厚，便將足下推薦給太子丹，希望足下能親自前往太子丹宮中一趟，便會知道是怎麼回事了。」

荊軻舉起酒杯，一飲而盡，高聲道：

「先生吩咐，在下自當照辦。」

臨別時，田光對荊軻說：

「我聽人說，有賢德的人行事，應不至於引起他人懷疑。今日分別時太子丹告誡老朽，讓老朽不要將所談之事洩露給外人，這是太子丹對老朽不信任啊！一個人的行為使人有所懷疑，說明他並非是有節操的俠義之人。」

田光向荊軻談及太子丹的這些事，目的就是想刺激荊軻，讓他下定決心，誓死為太子丹所用。荊軻剛要說什麼，田光又接著說：

「先生還是快到太子丹那裡去吧，就說田光已自刎而死，以此表明老朽絕不會將此事洩露給外人。」

說完，田光便拔劍自刎而死。荊軻見田光以死明志，深受感觸，立即來覲見太子丹。

## (三)

太子丹聞知田光為了表明自己絕不外洩祕密的決心竟然自刎而死，既羞愧又欽佩，再拜而跪，膝行向前，痛哭道：

「燕丹之所以告誡先生勿洩於外人，是因為想要成就機密大事，想不到先生竟自刎而死。燕丹真是羞愧難當啊！」

對太子丹的表現，荊軻十分淡然。他冷冷坐在榻上，注視著太子丹。太子丹站起來，走到荊軻的面前伏地再拜，說道：

「田先生不以燕丹為不才，使我有幸見到先生，燕丹不勝感激。這是上天哀憐燕國，讓燕丹不至於無依無靠啊。」

荊軻似乎沒聽到太子丹的話，頭也不抬，只顧喝酒。太子丹繼續說：

「秦王政有貪利之心，如不占有天下土地，稱王於天下，他的意願就不會滿足。如今，秦國已經俘虜了韓王，占領了韓國的全部土地，又發兵南下伐楚，北上兵臨趙……趙國無力抵擋秦軍，必定稱臣降秦。趙稱臣於秦，禍患必定降至燕國。燕國弱小，數年來困於抵禦外敵，今日動員全國的兵力也不足以抵擋秦軍。而各諸侯國又都畏懼秦國，不敢聯合抗秦。」

這時荊軻才緩緩放下酒杯，笑著說：

「太子殿下召見荊軻，不會是為了講天下的形勢給我聽吧？」

燕丹回答說：

## 第十二章 荊軻刺秦，燕國滅亡

(三)

「燕丹不敢。我私下裡認為，如果能得到天下的勇士，使其出使秦國，用重利向秦人炫示。秦王政貪利，勢必願意接受。如果能在咸陽宮中劫持秦王，逼他退還侵占各國的諸侯土地，就像當年曹沫用匕首逼迫齊桓公退還侵占的魯國土地那樣，那就太好了。如果秦王政不答應退還，便可當即將他刺死。秦國的大將都統兵在外，聞知國內有亂，必定君臣相疑。這時，各諸侯國再乘機聯合攻秦，秦國必破無疑。」

荊軻冷笑道：

「只怕是今非昔比呀。」

太子丹再拜說：

「這是燕丹的最大心願，只是一時找不到可以堪任這一重大使命的人，望先生能幫燕丹留意此事。」

荊軻笑著推辭說：

「這是國家大事，臣才能低下，恐怕不足以擔此重任。」

太子丹見荊軻推辭，伏地不起，再三懇請荊軻接受大任。荊軻無奈，只好答應了他。太子丹隨即尊荊軻為上卿，居於上舍，每日以酒肉宴席進獻，又安排車騎、美女供荊軻任意驅使。

當秦軍已經抵達易水之濱，燕國岌岌可危之時，太子丹深為恐懼，立即向荊軻說：

「秦軍早晚之間便會渡過易水，燕國的危險越來越近了。燕丹想長久侍奉足下，但恐怕做不到了。」

荊軻笑著說：

「太子殿下不提及此事，臣也正想向您辭行。只不過，臣希望太子能賜給臣兩件東西。」

「什麼東西？」

「臣聽說秦王政以黃金千斤、食邑萬家來懸賞樊將軍的人頭。如果將樊將軍的項上人頭與燕國易水流域富庶之地的地圖獻給秦王，秦王必定會高高興興接見臣。屆時，臣便可以乘機刺殺秦王。」

太子丹聽荊軻說要用樊於期的人頭作為拜見秦王時的見面禮，搖搖頭說：

「樊將軍在危難之際投奔我燕國，燕丹實在不忍心以一己之私而傷害長者的誠意啊，請先生還是另想別的辦法吧！」

荊軻知道太子丹不忍心以樊於期的人頭作為給秦王的見面禮，便私下拜見了樊於期，向他說明了目前燕國面臨的境況。

樊於期聞言後，仰天長嘆，痛哭流涕說：

「樊於期每每念及親人被害，常痛徹骨髓，只是想不出什麼報仇的辦法來。」

荊軻立即將他刺殺秦王的計畫說出來。樊於期一聽，馬上脫去一邊衣袖，露出半邊肩膀，扼腕向前，大聲說道：

「先生所言，正是臣日夜切齒之恨，今日願聽從先生的見教。」

說完，樊於期便拔劍自刎而死。樊於期的人頭拿到了，荊軻還需要一把鋒利無比的匕首。很快，太子丹便用萬金從趙國徐夫人處購得一把削鐵如泥的匕首，並命工匠用毒藥浸泡。如此一來，這把匕首不但鋒利無比，而且還有劇毒。太子丹用匕首在僕人身上做實驗，只劃破一點皮，被傷之人便會立即口吐鮮血而死。

## （四）

見面禮和兇器都準備好之後，太子丹又為荊軻選了一名副使。副使名叫秦舞陽，有萬夫不當之勇。據說他十三歲時便殺過人，他走在街上，路人都不敢正視他。荊軻對這名副使很滿意。

西元前二二七年秋，荊軻一行乘坐車馬往咸陽而去。太子丹等知道這一祕密的人皆身穿喪服，將荊軻等人送到易水之濱。分別時，高漸離擊筑，荊軻伴隨著筑聲引吭高歌：

「風蕭蕭兮易水寒，壯士一去兮不復還！」

送行之人無不悲傷落淚，而荊軻卻毅然登車而去，始終沒有回頭向送行的人們告別。

荊軻到達咸陽後，將千金重禮送給了秦王政的寵臣中庶子蒙嘉，請求蒙嘉代為引見。歷朝歷代，不管是明君賢主，還是昏聵無能之君，其身邊似乎總有一兩個奸臣，這蒙嘉便是其中之一。據說蒙嘉是秦國名將蒙驁的弟弟，但現在已無從考證。

蒙嘉向秦王政進言說：

「燕王已經被大王的神威嚇倒了，不敢興兵抵拒秦軍，願舉國稱臣，像諸侯侍奉天子那樣，以燕國為秦的郡縣，得以奉守先王的宗廟。燕王因恐懼大王而不敢親自前來陳述此意，便斬下樊於期的頭顱，獻上燕國富庶之地的地圖，遣使等候在王宮之外。」

秦王政聽說燕王喜斬了樊於期的頭顱，還獻上燕國富庶之地，甘

# 第十二章 荊軻刺秦，燕國滅亡

（四）

願降秦稱臣，十分高興。連年征戰，秦軍雖然節節勝利，但士卒傷亡慘重，錢糧耗費巨大。如果能不戰而統一天下，不但可減少秦軍的傷亡，還能加速秦國一統天下的進程。想到這裡，秦王政馬上下令，以最隆重的九賓之禮接見荊軻和秦舞陽。

秦王政接見荊軻的這天，秦國眾臣皆身穿朝服分列而立，衛士們也個個手持鐵戟面無表情站在甬道兩旁。秦王政則一身盛裝，威嚴坐在殿上，然後下令道：

「宣燕國使者荊軻覲見。」

荊軻與秦舞陽一人捧著一個盒子，緩緩步入大殿。荊軻手中的盒子裡裝著的是樊於期的人頭，秦舞陽手中的盒子裡裝的是燕國的地圖。荊軻徐步緩行，神態自若走到殿前，禮拜後說道：

「臣荊軻拜見大王，謹遵燕王之命，獻上秦國叛將樊於期的人頭。」

說著，荊軻便打開盒子。眾臣探頭一看，不禁被嚇了一跳。這時，秦王政開口道：

「亂臣賊子人人得而誅之，替寡人謝謝燕王。」

荊軻鎮定自若回答道：

「謹遵大王詔命。」

而一旁的秦舞陽就沒有荊軻那麼鎮定了。他見兩旁的衛士個個威風凜凜，不禁兩腿打顫，有些神態失常。秦國群臣發現這一點後，都感到有些奇怪。荊軻回頭望了望秦舞陽，見秦舞陽在那裡瑟瑟發抖，便向秦王政解釋道：

「此人乃北方藩屬的鄉野村夫，未曾拜見過天子尊顏，因而有些畏懼，願大王寬容，使其得以完成使命。」

秦王政打消了疑慮，對荊軻說：

「請荊軻將秦舞陽所持地圖拿給寡人看看。」

荊軻從秦舞陽手中接過地圖，雙手走上台階，來到秦王政的面前。

秦王接過地圖，便在幾上展圖觀看。地圖一點點打開了，當徹底展開之後，秦王政突然看見了那把鋒利的匕首，立刻被嚇了一跳。

荊軻趁機躍上前去，左手把住秦王政的衣袖，右手操起那把鋒利的匕首就向秦王政的胸膛刺去。

秦王政一躍而起，掙斷了衣袖，才得以抽身後退。秦國君臣都被這突如其來的變故驚呆了。按照秦朝的法律，群臣在殿上侍奉君王時都不能攜帶兵器，而那些手持兵器的衛士皆分列在殿下，不得到命令不能上殿。秦王政在慌亂之中也沒得來及命令衛士上殿，只是一邊圍著柱子跑，一邊拔劍自衛。

可是，由於秦王政的佩劍長達七尺，急切間沒能從腰間拔出來。秦王政的侍醫夏無且急中生智，以手中所持的藥箱向荊軻擊去。這時群臣在下面大聲提醒：

「大王把寶劍推到背後！」

秦王政得此機會，順勢把劍推至背後，終於將長劍拔了出來。所謂「一寸長一寸強」，秦王政拔出長劍之後，形勢立即發生了逆轉。

## 第十二章　荊軻刺秦，燕國滅亡

(四)

他揮劍向荊軻擊去，一劍砍斷了荊軻左腿。荊軻癱倒在地，擲出手中的匕首，想擊殺秦王政。秦王政一側身，匕首擊中了旁邊的銅柱，鏗然落地。

秦王政大步向前，舉劍亂砍。荊軻身負重傷，再也站不起來了。他背靠著柱子，張開兩腿，坐在殿上大笑著罵道：

「今日之事未能成功，是因為我太想活捉你，想得到歸還諸侯土地的契約了！」

秦王政大怒，立即命令衛士上殿，用亂劍刺死了荊軻。

荊軻雖然死了，但秦王政的怒氣一時之間卻無法消除。他立即命令王翦和另外一名大將辛勝進攻燕國。燕趙聯軍根本無法抵擋，在易水之西遭遇了滅頂之災。

西元前二二六年，秦王政命王翦之子王賁領兵增援王翦，一舉攻占了燕都薊城。燕王喜和太子丹慌慌張張退保遼東郡（今遼寧省遼陽市一帶）。王翦則命令李信領兵繼續追擊。李信輕騎突進，緊追不捨。

這時，趙代王嘉致信燕王喜說：

「秦軍之所以追得這麼緊，是想得到太子丹。如果大王能殺了太子丹獻給秦王，燕國就能保住了。」

結果，燕王喜真的殺了太子丹，並將太子丹的頭顱獻給秦王政，但李信並沒有停止追擊。燕王喜只好繼續東逃，龜縮在遼東不敢出來迎戰。至此，燕國已基本滅亡。

# 第十三章 滅魏伐楚平六國

當其興大役，天下皆痍瘡。以之召禍亂，不旋踵滅亡。豈知易代後，功及萬世長。

——（清）趙翼

## (一)

西元前二二六年冬季，代郡和遼東之地天寒地凍，不宜用兵，而趙、燕兩國雖有餘燼，但已不能影響秦國一統天下的大勢了。秦王政遂下令暫且休兵，轉而向氣候溫暖的楚國用兵。

於是，秦王政召集眾將，一起商議對楚國用兵之事。面對朝中眾多武將，秦王政比較傾心於年少壯勇的李信。因此他問李通道：

「李愛卿，你以為消滅楚國需要多少人馬？」

李信略一沉思，回答說：

「楚國積弱，士卒更是缺乏戰鬥力。若要臣伐楚，只需二十萬兵馬即刻成就大業。」

「二十萬人馬？」聽到李信的回答，眾將都十分驚訝。因為楚國地域廣闊，人口眾多，絕非二十萬人馬可以攻滅的。但秦軍的節節勝利讓秦王政相信，秦軍天下無敵，攻無不克，戰無不勝，用二十萬人馬攻滅楚國是完全有可能的。

秦王政又轉向王翦，問道：

「王愛卿以為滅楚需要多少人馬？」

王翦出列，向秦王政深鞠一躬，回到說：

「臣以為，若要一舉攻破楚國都城壽春，非要六十萬大軍不可！」

秦王政「哼」了一聲，不滿的說：

「王將軍老了吧，未免有些太膽怯了！李將軍果敢英武，才能成就大事。寡人以為，攻破楚國只需要二十萬人馬就足夠了。」

於是，秦王政便派李信為將，蒙驁之子蒙武為副將，率領二十萬人馬南下伐楚。王翦受到秦王政的冷落，便託病辭官，回老家頻陽養老去了。

在李信的率領下，秦軍一路攻城掠地，很快就攻下了平輿（今河南省平輿北）、寢（今安徽省臨泉縣）和陳（今河南省淮陽）等十幾座城池。楚王負芻（？到西元前二二三年，西元前二二七年到前二二三年在位）遣使抵達咸陽，向秦王政提出，準備獻出青陽（今湖南省長沙市）以西之地，向秦國求和。但秦王政根本不理會負芻的請求，命李信繼續加強攻勢。

楚王負芻無奈，只好派項燕為將，領軍反擊。項燕是楚國的一代名將，用兵如神，而且滿門皆將才。後來聯合各地義軍滅亡大秦帝國的西楚霸王項羽便是他的孫子。

燕擊領命後，趁秦軍不備，突然率軍向秦軍發動襲擊，並且大敗秦軍，殺掉秦軍七個都尉。輕敵冒進的李信遭遇慘敗，只得率部突出重圍，緊急撤退。

就在這時，在平定嫪毐叛亂之役中功勳卓著的昌平君熊啟叛逃到楚國故都郢（今湖北省荊州市城郊），聚眾反秦，截斷了李信的退路。李信所部再遭重創，只有兩千多名輕騎逃回了秦國。

秦軍一下子損失了二十萬人馬，秦王政不得不下令暫時停止進軍，以待來年積蓄力量再戰。

西元前二二五年春，秦軍稍稍恢復些原氣，秦王政便當即決定先行滅魏，然後再揮師南下，攻打實力較為強勁的楚國。

這一戰略的改變是符合當時的形勢的。當時，燕、趙兩國已經基本亡國，雖有餘燼，但不足為慮。如果秦軍再一舉消滅魏國，那麼原先的魏、趙、燕三國的土地就能連成一片。這無論對秦國後方的穩定，還是對其軍事實力的增加，都是十分有利的。

王翦之子王賁主動請纓，願意率部直撲魏國都城大梁。秦王政念及自己當初不聽王翦的勸告，堅持派李信攻打楚國，致使二十萬大軍全軍覆沒，心裡悔恨不已，正想尋機讓王翦復出。如今王賁主動請纓，這無疑是一次拉攏王翦的大好時機。因此，秦王政不但答應了王賁的請求，還親自出城相送。

## (二)

韓、趙滅亡之後，魏國已經處於秦國的三面包圍之中了，全然沒有了抵抗的資本。此時，魏國國君是魏景湣王之子魏假（生卒年不詳，西元前二二七到前二二五年在位）。魏王假知道自己沒有外援，手中也沒多少兵力，無法與秦軍展開野戰，只得將有限的兵力收縮在大梁，固守孤城，苟延殘喘。

王賁的指揮風格與其父王翦十分相似，一是善於藉助地形，二是愛兵如子，任何時候都想盡辦法降低士卒的傷亡。王賁領兵來到大梁城外，將其團團圍住，然後便四下察看地形。聰慧的王賁發現，大梁地勢較低，而其西北部的黃河、鴻溝之水都在大梁之上。如果掘開大堤，大梁立即就會成為一片澤國。

決議之後，王賁一邊令部隊將大梁團團圍住，一邊派人掘開大堤，引水淹灌魏軍。結果，王賁率部圍困大梁三個月，未損一兵一卒，便逼迫魏王假出城投降。魏國滅亡後，秦王政隨即派軍平定魏國其餘地區，視具體情況設置郡縣。

滅魏之後，秦王政又立即將矛頭對準了楚國，準備一雪前恥。李信的失敗讓秦王政冷靜下來，後悔當初沒有聽取老將王翦之言，低估了楚國的軍事實力，從而鑄成大錯。值得欣慰的是，秦王政在關係統一大業的戰略性問題上向來都是有錯即改的。

西元前二二四年的一天，秦王政召集幾名侍從，要他們馬上準備車駕，準備親自前往頻陽向王翦謝罪，請王翦出山。

秦王政一路風塵僕僕來到頻陽。王翦聽說秦王政來請自己出山，急忙躺在床上裝病。秦王政來到將軍府，王翦裝作一身病痛的樣子，率家人出門迎接。秦王政上前扶起王翦，關切說：

「老將軍大病初愈，不必拘於禮節，快快返回房中休息。」

眾人跟在秦王政的背後來到客廳，分列立於兩旁。秦王政讓王翦坐下，向他謝罪說：

「寡人從前沒有聽從將軍的建議，派李信征伐楚國，才使秦軍受辱。如今，楚軍在項燕的指揮下逐日西進，已經威脅到我大秦的國本。將軍雖有病在身，怎麼忍心背棄寡人呢？」

王翦急忙起身，向秦王政深施一禮，說道：

「老臣疲弱多病，狂暴悖亂，希望大王另擇良將吧。」

秦王政忙上前扶起王翦，堅持說道：

「為了我大秦的江山，請老將軍就不要推辭了！」

王翦略一沉思，回答說：

「大王如果非要以老臣為將，老臣斗膽提一個請求，就是必須給我六十萬大軍。」

戰國時代，一次出動六十萬大軍攻伐他國是史無前例之事。即使對秦國這樣的大國而言，六十萬大軍也幾乎是傾國之兵了。王翦心裡有數，既然秦王政親自到頻陽來請自己，他就已經做好了將傾國之兵交給自己的打算。

## 第十三章 滅魏伐楚平六國（二）

果然不出王翦所料，秦王政略一沉思便答應了王翦的請求：

「好！寡人就將傾國之兵交付將軍，一切都按照將軍的計謀行事。」

隨後，秦王政便拉著王翦與自己登上馬車直奔咸陽而去。一路上，君臣兩人商議著出兵攻打楚國之事，不知不覺就來到王宮前。秦王政立即下令調撥六十萬人馬歸王翦調遣，擇日出征。

出征的那天，秦軍旌旗蔽天，士氣昂揚，秦王政親自送王翦至咸陽城外的灞橋邊上。臨別時，秦王政問王翦：

「老將軍此去辛苦了，不知還有什麼事要囑託的呢？」

王翦回答說：

「為國效力，這是老臣分內的事。不過，臣希望回師後請大王能多賜給臣一些上好的田宅園池。」

秦王政聞聽王翦向他討要田宅園池，笑道：

「老將軍只管前行就是了。待消滅楚國之後，將軍還用擔心自己貧困嗎？」

「為大王領兵作戰，有功終不能得到封侯，所以趁著大王以為老臣還有用的時候，臣不得不及時請示大王賜予田宅園池。臣已經年老了，不能不給子孫留下點產業啊！」

秦王政聞言，不禁開心大笑道：

「將軍只管領兵前去攻打楚國吧，寡人答應你的請求。」

王翦拜別了秦王政，率領六十萬大軍浩浩蕩蕩朝著楚國出發了。

秦王政返回咸陽，心中總有一種忐忑不安之感。王翦帶走了秦國的傾國之兵，一旦他在外謀反，整個天下就是他的了。秦王政素來多疑，即便是對王翦這樣的老臣，他也時刻防備著。然而，想要攻滅楚國，他又不得不按照王翦的計謀行事。

## (三)

就在秦王政忐忑不安之時，王翦的使者前來王宮覲見。使者說：

「啟稟大王，將軍派臣前來是想請求大王，多多賜給將軍一些田宅園池。」

秦王政聽到使者這樣說，心裡的不安稍稍減輕了些。既然王翦要這麼多東西，就說明他絕無謀反之意。秦王政笑道：

「好。你速速回去稟報王將軍，就說寡人答應他的請求。」

使者離開王宮後沒多久，王翦派的另外一位使者也到了。第二位元使者帶來的消息與第一位使者一樣，都是要秦王政增加給王翦的賞賜。秦王政又大笑著答應了。

一天之內，王翦總共派了五位使者向親王請求賜予田宅土地。這下秦王政對王翦徹底放心了。

王翦麾下的人見他為請賜田宅一事竟接連五次派出使者，便不解問：

「將軍向大王要這麼多田宅，是不是有些太過分了呢？」

王翦笑著回答說：

「不過分。大王素來多疑而不信人，今將傾國之兵都交給我，我不向大王多多為子孫索要田宅立業，大王豈不是要懷疑我？如此一來，大王便知王翦絕無謀反之意，就可以放心了。」

眾人聽了王翦的回答，都佩服得連連點頭。

王翦率大軍行軍一月有餘，終於抵達了前線。王翦在李信面前取出秦王政的兵符，剝奪了他的指揮權，從而獲得了指揮全部秦軍的大權。

楚王負芻聞知秦王政派王翦率領六十萬大軍前來，頓時亂了手腳。這時，項燕上前安慰道：

「大王請放心，只要燕某一天不死，定然會抵抗到底！」

楚王負芻戰戰兢兢說：

「那一切就都交給項將軍了。」

於是，楚王負芻將楚國所有的軍隊都交給項燕，命他前去抵拒秦軍。王翦聞知項燕率楚國傾國之兵前來迎戰，便下令道：

「就地構築工事，堅守壁壘，不得出戰。如有違軍令者，一律斬首！」

王翦手下的眾都尉十分不解，但還是遵從將軍的命令。連日來，項燕多次命楚軍到陣地前沿向秦軍挑戰，但無論楚軍士卒如何辱罵，王翦就是不准秦軍走出壁壘迎戰。楚軍無可奈何，只得次日再來。

這種情況一連持續數日，楚國士卒皆以為秦軍怯戰了。然而項燕的心裡清楚，這是王翦的驕敵之計。一則，秦軍遠道而來，行軍疲乏，立足未穩，而楚軍則以逸待勞，占了優勢；二則，秦軍剛剛遭遇全軍覆沒的慘敗，士氣低落，戰鬥力不強，而楚國剛剛得勝，正是士氣高漲之時。如果兩軍在此時交戰，秦軍必敗無疑。

因此，當楚軍將士皆以為秦軍不足懼時，項燕的心裡卻擔憂極了。

## 第十三章 滅魏伐楚平六國
（三）

王翦率六十萬人軍前來，這本身對實力相對弱小的楚軍就是一種心理威懾。楚軍士卒之所以敢近距離地上前挑戰，完全是因為剛剛打敗秦軍的原因。而隨著對峙時間的延長，秦軍很快就會恢復元氣，且胸中的復仇之火也會越燒越旺；相反，楚軍獲勝後的高漲士氣只會逐漸低落。屆時，一旦王翦以他那士氣高漲的六十萬大軍撲面而來，疲弱的楚軍無論如何也是無法抵擋的。

想到這裡，項燕的求戰之心更加迫切。然而，王翦始終命令士卒堅守不出，漸漸掌握了戰役主動權。在兩軍相峙的日子裡，王翦表面上令士卒好生休息，每天好酒好菜，好不愜意。王翦也經常和士卒們待在一起，噓寒問暖，與他們吃同樣的飲食。士卒們見狀，無不生感恩之心，一個個都摩拳擦掌，只等將軍一聲令下，為國殺敵。

與此同時，王翦也在暗地裡囑咐手下的都尉們，一定要加強軍事訓練，不可輕敵。

兩軍相持數月後，王翦突然派人到軍營視察，問軍中是否在進行訓練。使者向王翦彙報說：

「各軍營中正在練習投石、跳躍。」

「楚軍的情況如何？」王翦又問。

「楚軍與我軍相距不過剛剛超過投石之距，個個都躍躍欲戰。」

投石之距是古代的軍事術語，即投石機拋重十二斤的石頭可以達到的距離，約為三百公尺。王翦見楚軍已經逼近到秦軍軍營三百餘公尺的地方，知道自己的驕敵之計已經成功了，便說道：

「士卒可以使用了。」

就在此時，項燕唯恐兩軍對峙日久對楚軍不利，下令楚軍向東移動，想以此來牽動秦軍。王翦一聲令下，趁楚軍拔營之際，秦軍以排山倒海之勢全線出擊，大敗楚軍。項燕再想回擊已經不可能了。結果，楚軍遭到了滅頂之災。項燕帶領殘部逃到了淮南（今河南、安徽淮河以南地區）。王翦乘勢攻破了楚國都城壽春，俘虜了楚王負芻。至此，秦軍攻占了楚國大片領土，楚國已經名存實亡了。

# 第十四章　一統天下稱始皇

秦皇帝任戰勝之威，蠶食天下，併吞戰國，海內為一，功齊三代。

——（西漢）主父偃

## (一)

秦、楚兩軍對峙之時，秦王政憂心如焚，一日派三騎前往前線打探消息。當他聞知王翦攻破楚國都城壽春、俘虜了楚王負芻之時，立即喜形於色，不禁讚道：

「老將軍果然不負寡人厚望啊！」

群臣深深一躬，齊聲道：

「恭喜大王！」

秦王政得意笑道：

「此乃秦國之喜、秦人之喜、天下人之喜啊！寡人也應當恭喜眾愛卿啊！」

說完，秦王政展開楚國的地形圖仔細看了起來，突然他大聲說道：

「不好，項燕定會在淮南謀反。熊啟這小子跑到淮南，定會被立為新君的。」

大臣聽到秦王政的話，面面相覷，紛紛議論道：

「如果真是這樣，那該怎麼辦呢？」

不多時，王翦從前線派來的使者抵達王宮，向秦王政彙報說：

「啟稟大王，項燕在淮南擁立昌平君熊啟為新君，正在謀劃攻秦事宜。」

秦王政思忖了一下，說道：

「楚國王室素來不睦，熊啟曾在我大秦為官多年，如今被立為新君，他的兄弟們肯定不服。你去告訴王將軍，暫且放緩進攻的速度，讓熊啟和他的兄弟們先打一打，帶來年春天我大秦天兵再出征淮南。」

秦王政的判斷很正確。當王翦放緩進攻的節奏後，楚國王室內部的矛盾便暴露出來。為爭奪王位，昌平君熊啟和他的兄弟們互相排擠，局勢異常混亂。大將軍項燕也因支持熊啟而受到諸公子的打擊，手中的兵權面臨著威脅。

西元前二二三年，秦王政抓住時機，立即命令王翦為主將，蒙武為副將，合力進攻淮南之地。秦軍所到之處，楚軍望風而逃。昌平君熊啟在混亂中被秦軍士卒所殺，項燕也在兵敗後提劍自刎。隨後，王翦又奉命繼續攻伐楚國長江以南的領土。

西元前二二二年春，秦王政又命王翦之子王賁為將，領兵攻打遼東和代郡。燕軍已無力阻擋秦軍凌厲的攻勢，很快便全軍覆沒。王賁俘虜了燕王喜，隨後又揮師西進，順道滅了盤踞在代郡的趙代王嘉。與此同時，王翦也蕩平江南之地，俘虜了楚國屬國越國的君主。

消息傳到咸陽後，秦王政大喜，連聲讚道：

「王氏父子真乃寡人的福將啊！」

至此，秦國已經完全消滅了東方六國中的韓、趙、燕、魏、楚等五國，天下一統在即。秦王政下令普天同慶，在汜水邊上舉行了盛大的歡慶儀式。除了齊國和韓、趙、燕、魏、楚等國的王室成員之外，天下百姓都歡欣異常，紛紛讚頌秦王政的偉大功績。

對普通百姓來說，秦王政的一統天下免除了他們遭受戰亂的困苦，他們終於可以在和平環境中安心生活、生產了。

秦王政一邊忙著慶祝勝利，一邊派人趕往前線，吩咐王賁，攜得勝之師繼續南下，一舉消滅齊國。齊共王建（約西元前二八〇到前二二一年，西元前二六四到前二二一年在位）在相國後勝的建議下，領兵防守。

可是，後勝卻是個貪官，長期把持著齊國的朝政。可以說，秦王政能夠迅速滅掉韓、趙、燕、魏、楚等國，很大程度上都要歸功於後勝。他收受了秦國大量的金銀珠寶，勸說齊王建對其餘五國之事袖手旁觀，終於招致了自我滅亡的惡果。

王賁攜得勝之師於西元前二二一年攻破了齊國的都城臨淄，俘虜了齊王建。在城內，秦軍幾乎沒有遭到任何抵抗。秦王政下令將齊王建流放到共（具體位置不詳，可能位於今河南省輝縣附近），並在齊地設置了齊和瑯琊兩個郡。

秦軍兵占臨淄，標誌著秦統一六國之戰的勝利結束。至此，長期處於分裂割據之中的華夏大地終於歸於一統。秦王政為統一之戰的勝利、為大一統政治格局的開創立下了不朽的功勳。

## (二)

一統天下的目標實現了，但如何治理這個空前龐大的帝國呢？東方六國剛剛滅亡，王室貴族隱姓埋名，流亡在外者不在少數。雖然天下統一後民心思治，但懷念故國的也大有人在。為了安定天下，秦王政採取的第一個措施就是收繳天下的兵器，讓天下人失去謀反的利器。

其實，收繳六國兵器的工作早就在進行了。在兼併戰爭中，六國龐大的軍隊都逐一瓦解，但卻留下了大量的兵器。六國的士兵被遣散之後，兵器也大多流落到民間。秦王政下令，將六國的兵器全部收繳上來，有敢私藏者嚴懲不貸。收繳上來的六國兵器一部分用於補充部隊的消耗，另一部分則全部運回咸陽。待統一戰爭結束之後，運至咸陽的兵器已經堆積如山了。

而今天下已經大定，還要這堆積如山的兵器有什麼用呢？在謀士們的參議下，秦王政擬定了處理六國殘留兵器的方案，即將這些兵器全部熔鑄。當時，鐵製兵器所占的比例並不大，大多數仍為青銅兵器。鐵製兵器熔鑄後可打造成各種農具，供各級政府出租給農戶使用；而堆積如山的青銅兵器一時卻派不上用場。

於是，有人提議將這些青銅兵器熔鑄成巨型銅人像，以象徵天子的威儀，又可以向天下人宣示兵戈永不再用，永享太平。秦王政採納了這一建議。據說，秦王政將這些青銅兵器熔鑄成了十二尊巨大的銅人，後來就擺放在新宮殿阿房宮正殿的門前。

秦王政安定天下的第二個措施便是將六國的富豪全部西遷到咸陽。所謂富豪，指的豪強巨富，其中包括六國貴族、富商大賈等。在統一六國的過程中，六國的富豪們雖然沒有公開抵抗秦軍，但他們的存在對秦王政卻是一個巨大的威脅。因為他們對百姓具有強大的號召力，而且手中又有錢。一旦謀反，天下將再次陷入混亂之中。

但正因為他們公開與秦軍對抗，秦王政找不出理法辦他們，也無法剝奪他們的財產。後來，他從吳起在楚國變法的經驗中受到啟發，決定「令貴人往實廣虛之地」。所謂廣虛之地，就是指空曠、荒蕪的地方。

於是，統一之戰剛剛結束，秦王政便下令將六國舊貴族強行遷至咸陽。首批被遷徙的豪富總數多達十二萬戶。此後，這種大規模的遷徙活動又進行了多次，被強行安置到秦國腹地的富豪多達二十萬戶。

秦王政的這些措施雖然在一定程度上損害了百姓的利益，耗費了不少錢糧，但卻為鞏固國家的統一作出了巨大的貢獻。從歷史發展的角度而言，這些政策是進步的，也是符合人民利益的。

可以說，第一次統一中華大地，這樣的功勳是無以倫比的。在眾人的稱頌聲中，秦王政也飄飄然起來。他認為，與自己的功勳相比，「王」的稱號已經不足以彰顯他的威儀了。因此，在國家初步穩定之後，秦王政便開始召集群臣討論自己的稱號問題。這就是歷史上著名的「議帝號」。

在先秦時期，「王」本來就是天下最尊嚴的稱號，是天下的主宰者，即世俗社會最高級人物的專稱，所以人們又把王叫做「天子」；而王則自稱為「寡人」，即唯一的一人。不過，到了戰國時期，由於各國諸侯相繼稱王，在名號上與周天子都並駕齊驅，因此「寡人」也就不再「寡」了。

西元前四世紀末期，戰國七雄鼎立之勢已經形成。當時，齊、魏兩國的實力最為強大，趙、秦等國次之。西元前三三四年，魏國國君魏罃（西元前四〇〇到前三一九年）率領韓國等小國的君主來到徐州朝見齊國國君田因齊（西元前三七八到前三二〇年），尊其為王，史稱齊威王（西元前三五六到前三二〇年在位）。

在此之前，只有周天子才可以稱王，而周天子分封的諸侯只能依據爵位的高低稱公、侯等。所以，齊威王之父齊桓公雖然功勳卓著，但也只能稱「公」而非「王」。秦惠文王之父秦孝公任用商鞅主持變法，對秦國的發展作出了巨大的貢獻，也只是稱「公」而非「王」。齊威王不敢冒天下之大不韙，獨自稱王，也尊魏罃為魏王，史稱魏惠王（西元前三六九到前三一九年在位）。歷史學家將這一事件稱為「徐州相王」。

後來，秦國、韓國等國的國君相繼稱王，甚至連一些小國的君主，如中山國、宋國等，也紛紛採用了「王」的稱號。於是，秦王政在統一天下後對「王」的稱號產生了不滿。

## (三)

在先秦時期，學者將人類社會的發展史劃分為三皇、五帝、三王等三個歷史時期。當時的學者普遍認為，自盤古開天闢地之後，首出治世的是天皇，承接天皇的是地皇，地皇之後是泰皇。由於三皇時代荒遠，人們說不清楚，也無法確定三皇到底是誰，只是出於對古代領袖的敬仰，便以「皇」稱之，表示「大」、「始」的意思。

從「皇」字的造字源頭來看，這個字本身就具有至高無上的意義。「皇」字下面的「王」字是音符，上面的「白」字原來是「日」字頂上有三道光芒，表示太陽的光芒萬丈。

先秦時期的人們認為，繼三皇之後的五帝時期也是人間治世。一般認為，五帝是指黃帝、顓頊、帝嚳、堯、舜等五人。這五個人都是上古時期著名的部族領袖。

當時，「天下為公，選賢與能，人不獨親其親，不獨子其子」。也就是說，當時的政治制度是共和制，領袖是由選舉產生的，而不是世襲的。史學家將這一獨特的政治制度稱為「禪讓制」。比如在堯死後，帝位不是由其子丹朱繼承，而是選舜為帝；舜死後，帝位也不傳與其子商均，而是選定了治水有功的大禹。他們都是與民有功的人，所以人們敬仰、愛慕他們，尊稱他們為「帝」。帝的受義根源也是從「日」字而來的，「帝」是「日」的別名。所以，無論是三皇還是五帝，都是人們用太陽來讚美領袖的尊號。

## 第十四章 一統天下稱始皇
(三)

大禹死後，其子夏啟破壞了禪讓制。夏啟殺了大禹指定的繼承人伯益，奪取了帝位，建立了夏朝，開始了家天下的時代。夏啟說自己是按照上天的意志行事的，於是就出現了「天子」一詞。

由於「王」字是由斧鉞圖形簡化而來的漢字，象徵著征伐殺戮的大權，因此人們便用「王」代替了「帝」，用來稱呼人間的最高統治者。從此之後，人們就把社會上最權威的人物稱為天子和王了。夏、商、周三代的君主莫不如此。所以，人們便把夏、商、周三朝稱為三王時期。

從「皇」、「帝」和「王」三個字的字源意義可以看出，這三個稱呼在當時並沒有高低之分和尊卑之別。「皇」、「帝」、「王」都是對最高統治者的尊稱，只不過前兩者是人們自然而然產生的景仰，後者則是在權力的威懾下產生的敬畏。

不過，由於崇古思想嚴重，以為時代越久遠，首領就越有尊嚴、越神聖、越有權威。秦昭襄王曾因秦比東方六國強大，而與齊閔王互尊為帝。秦昭襄王稱「西帝」，齊閔王稱「東帝」。不過，這兩個帝號只用了幾天，便因為諸侯們的反對而取消了。

如今，秦王政統一了天下，其功勳自然比曾祖父秦昭襄王更大。於是，他便循著秦昭襄王的路子，開始從「帝」字上找尊嚴、找權威、找神聖了。「議帝號」的詔令下達之後，群臣便開始與博士們商議起來。

經過一番商議，丞相王綰、御史大夫馮劫、廷尉李斯等人認為，秦王政「興義兵，誅殘賊，平定天下」，功績「自上古以來未嘗有，五帝所不及」。他們援引傳統的尊稱，說「古有天皇，有地皇，有泰皇，泰皇最貴」，建議秦王政採用「泰皇」頭銜。

但秦王政對此並不滿意。既然自己的功勳「自上古以來未嘗有」，那麼就必須居於一切人之上。用「泰皇」為號雖然尊貴，但那樣豈不是還有個泰皇與之並列嗎？於是，秦王政便下令，要求去泰著皇，採用上古帝位號，稱為「皇帝」。

「皇帝」名號的既是無上崇高的，又是德兼三皇、功過五帝的，這樣才能與秦王政的功勳相稱，才能使他的業績傳頌後世。從此以後，「皇帝」一詞就取代了「王」而成為最高統治者、主宰者的尊號了，在中國封建社會一直延續了兩千多年。

由於秦王政幻想著將自己打下的江山世世代代傳遞給自己的子孫，便自稱「始皇帝」。以後，他的子孫便稱「二世皇帝」、「三世皇帝」，乃至「萬世皇帝」。從此，秦王政便有了一個尊號——秦始皇。

為了表示對父親秦莊襄王的尊重，秦始皇又尊其為太上皇。「太上」就是最高的意思，「皇」當然是指「三皇」。也就是說，秦始皇給了他父親秦莊襄王一個皇號中最崇高的稱號，但卻沒有給他「帝號」，以此來表示自己是自古以來天下獨一無二的尊者。

帝號確定了，秦始皇又下令以「朕」這個字作為皇帝的自稱之詞。「朕」原本之意為「我」，是一個不分貴賤高低，人人都可使用的詞語。不過，自從秦始皇選中它之後，這個字便變得獨尊起來，從此後就只有皇帝一個人可以使用了。此外，秦始皇還規定，皇帝的出命改作「制」，將皇帝所下的令改作「詔」。

尊君就必須抑臣。秦始皇又規定，臣下給皇帝上書或向皇帝報告事情，稱之為「奏」；奏書上要先說「昧死」，即昧死而言，以表示群臣在皇帝面前要戰戰兢兢，俯首行事。

對百姓，那就得更降低了。秦始皇找了一個與「皇帝」日光四射相對應的詞——黔首來稱呼百姓。「黔」即黧黑之意，「黔首」就是面目黧黑之人。

# 第十五章　推行郡縣制與統一文化

明法度，定律令，皆以始皇起。

——（西漢）司馬遷

## (一)

除了稱「皇帝」之外，秦始皇還在稱謂方面做了很大的改革，如廢除古代的謚法制度，避諱尊者之名，規定皇帝所用之物的形制和名稱等。最為人所熟知的，就是始皇帝將「玉璽」規定為皇帝專用。在秦以前，民間皆以金玉為璽，上有龍虎獸鈕，並沒有很嚴格的等級劃分。但自始皇帝以後，玉璽便成為皇帝的專用信物，臣民不得再以玉治印，也不得稱璽了。

按照水德終數為六的說法，始皇帝為自己準備了所謂的「乘輿六璽」，即皇帝行璽、皇帝之璽、皇帝信璽、天子行璽、天子之璽、天子信璽。除此之外，還有所謂「傳國玉璽」。

據《韓非子·和氏》記載，春秋時期的楚國人卞和在荊山（今湖北省南漳縣荊山）採玉時發現一隻鳳凰落在一塊青石之上，他便將這塊璞玉搬回都城，獻給楚厲王。

楚厲王叫玉工前來辨識。不識貨的玉工說那塊璞玉只不過是一塊普通的石頭而已。楚厲王大怒，說卞和犯了欺君之罪，便命人砍去了他的左腳。

後來，楚武王即位，卞和再次獻玉，玉工們又一次冤枉卞和。這一次，卞和又被砍去了右腳。

楚文王即位後，年老的卞和抱著這塊玉在荊山下號啕大哭。楚文王知道來由後，叫人將卞和的石頭剖開，果然雕琢出一塊稀世寶玉，世稱「和氏璧」。

楚威王時，楚國大將昭陽在滅亡越國的過程中立下大功，得賞「和氏璧」。有一次，昭陽出遊赤山水潭，在潭畔高樓宴請賓客，拿出「和氏璧」來讓眾人鑑賞。突然，潭中躍起一條大魚，足足一丈多長，還帶來了各式各樣的小魚。眾人覺得稀奇，都到水邊看魚，等到回到房間時卻發現「和氏璧」不見了。昭陽懷疑是門人張儀偷的，對張儀嚴刑拷打，導致張儀背楚入魏，後來又到了秦國，成為楚國的死敵。

多年後，和氏璧突然出現在趙國的首都邯鄲，並輾轉落入趙惠文王的手裡。秦昭襄王知道這件事後，就給趙惠文王寫了封信，說願意用十五座城池交換和氏璧，從而引出了一段藺相如「完璧歸趙」的故事。此後，「和氏璧」長期保存在趙國的宮廷中。秦軍攻破邯鄲之後，「和氏璧」便順理成章落入始皇帝的手中。

確定帝號之後，始皇帝便拿出這塊價值連城的美玉，命李斯寫了「受命於天，既壽永昌」八個蟲鳥篆字，又令玉工孫壽將字雕刻在玉上，製成了傳國玉璽。後來，這塊玉璽便成為歷代王朝正統的象徵。可惜的是，這塊玉璽在傳世過程中不知所蹤了，但這些都是後話了。

除璽印外，服飾也是標誌天子等威的重要組成部分。春秋戰國，禮崩樂壞，周天子地位日益低下，諸侯和卿大夫遂「奢僭益熾」，「競修奇麗之服，飾以輿馬文絡玉纓象鑣金鞍以相誇」。始皇帝攻滅六國、兼併天下後，自然不容許這種現象再繼續下去，於是便慢慢制定了嚴格的服飾制度，以標識等級，區分貴賤。

秦始皇所制訂的冠服制度，基本是對前代冠服制度的繼承。但有所不同的是，等級思想較以前更為森嚴。後世制度只是對秦制的照抄。在秦的冠服制度中，冕是最高級制的服制，與袞服配套，只有在正旦、冬至、聖節、祭社稷、祭先農、冊拜大典時才能穿用。

通天冠則是皇帝的常服，冠高九寸，正豎，頂稍斜，直下，以鐵為捲梁，前有捲筒。類似這樣的服飾，臣民是絕對不能穿用的。

除此之外，始皇帝還改定了曆法，即確定一年的起始和終止時間。始皇帝根據《終始五德傳》，認為秦是代周而有天下。而周人是秉五行中的火德而得到天下的，那麼，秦代周就必然是水德，因為水能勝火。根據這一理論，始皇帝確定以正朔歲首是冬季的第一個月，即十月為歲首。

始皇帝的這些改革，在今天看來雖然難免有些讓人發笑的成分，但它們在當時卻使始皇帝在文化和法理上獲得了統治天下的正統地位。

# 第十五章　推行郡縣制與統一文化
（二）

## （二）

始皇帝對中華民族所做的另外一大貢獻是取消了自周朝以來的分封制，而以中央集權的郡縣制代之。

西元前二二一年的一天，始皇帝召集群臣商議國事。丞相王綰出列，向秦始皇建議說：

「啟奏皇帝，諸侯新近才滅，燕、齊、楚的地方遙遠，不在其地設置侯王，不足以鎮撫這些地方，請分封皇子為王。」

分封制是西周普遍採用的一種基於宗法制的政治制度。根據分封制的規定，周天子居於至高無上的絕對支配地位，其王位由嫡長子世襲繼承，其他庶子則作為小宗被分封為各地諸侯。這些諸侯的封號也是由其嫡長子世襲繼承，其餘庶子再作為小宗分封為卿大夫。卿大夫的封爵也由其嫡長子世襲繼承，其餘庶子則再作為小宗分封為士。西周的分封制並不是只封王室成員，貴族和功臣也有機會分得領地。

如此一來，西周便在宗法制和分封制的影響下，形成了天子、諸侯、卿大夫、士等各級宗族貴族組成的金字塔式等級制機構。各個等級之間的相互關係，既是大小宗關係，也是上下級關係。天子在諸侯領地內並沒有直接的權力，但諸侯必須定期向周天子朝貢，或者服勞、兵役等。

始皇帝聽了王綰的建議，臉色微變，大聲說道：

「將丞相的奏議發下去，讓群臣討論。」

西周的分封制在初期確實具有進步意義，對國家穩定起到了很大的作用。但隨著時間的推移，各諸侯之間的血緣關係越來越遠，相互攻伐的現象也就不可避免出現了。可以說，分封制是戰國時代天下大亂的根源之一。更何況，如果採取分封制，始皇帝的權力必然會受到一定程度的削弱。

由於史籍記載不詳，現在已經無法知曉始皇帝的後宮究竟有多少妃嬪，也無法得知他具體有多少子嗣。根據現有資料推測，始皇帝至少有二十多個兒子。除了嫡長子之外，如果將二十多個兒子全部分封為諸侯的話，大秦帝國一半的領土都可能脫離中央政府的管轄。屆時，始皇帝面臨的又將是一個新的戰國。因此，當王綰提出讓始皇帝分封諸皇子為諸侯時，始皇帝從內心是十分不情願的。

受到傳統思維的影響，群臣大多認為王綰的建議是合適的，始皇帝應該分封眾皇子。正當始皇帝要發火時，廷尉李斯站了出來。他向始皇帝說道：

「啟奏皇帝，周文王、周武王分封了很多子弟，然而到後來親屬關係都疏遠了，眾多諸侯也互相攻擊起來，如同仇敵一般。結果，諸侯之間互相討伐，甚至連天子也沒有能力禁止。如今海內統一，皆為郡縣，對皇子和功臣，國家如果用賦稅來重賞他們的話，就很容易控制，這樣天下也就不會再存有二心了。臣以為，這才是安寧國家的方略。再設置諸侯對國家是不利的。」

始皇帝聽了李斯的話，讚譽說：

「愛卿所言甚合朕意。天下百姓被無休止的戰爭所苦已經很久了，這正是因為有侯王存在的緣故。依賴祖宗神靈的保佑，朕總算平定天下，使百姓從此免於戰亂之苦。如果再重新立國，豈不又要樹立兵禍？如此一來，想要天下安寧就更是難上加難了！廷尉的意見是對的，請眾愛卿不要再提分封之事了。」

始皇帝取消分封制，其主觀上到底是為了獨掌大權，還是為了天下的安寧，我們不得而知。但他所採取的舉措確實在客觀上維護了國家穩定。

## (三)

在李斯的建議下，始皇帝在全國確立了郡縣制，從而建立了從中央到地方的龐大的官僚統治機制，使大秦帝國成為中國歷史上第一個中央集權的王朝。

秦國的郡縣制是商鞅變法以後確立的。不過，商鞅的郡縣制還是「集小鄉邑聚為縣，置令、丞，凡三十一縣」，這時只有縣、鄉兩級。到秦惠文王時，由於兼併四鄰，土地日益擴大，因而設郡，建立了郡縣鄉三級。

到始皇帝一統天下之後，大秦帝國的土地空前廣大，原先的郡、縣、鄉三級行政機構已經無法滿足統治的需要了。於是，始皇帝便命令各級行政機構按照口、土地等情況在郡下設縣，縣下設鄉、亭，鄉下設里。鄉、亭屬於同一級行政機構，里從嚴格意義上將並不是一級行政機構，而類似於今天的行政村，是百姓的自治組織。

始皇帝實行的郡縣制對中國後世的影響巨大。西元前二二一年，始皇帝根據各地的人口和土地情況，將天下劃分為三十六郡。

在地方的行政機構中，郡設郡守，治理地方事務;設郡尉管掌軍事;設監御史監督地方官的執政情況。縣設縣令治理地方事務，鄉有三老掌教化，亭有亭長，里有里宰。另外，從中央到地方的各級官吏又設置了多種佐助僚屬官吏，從而建成了龐大的郡縣制的社會官僚機構。

下一級行政長官要向上一級行政長官負責，郡守則直接向中央政府，即朝廷負責。朝廷是大秦帝國的最高權力機關。「朝」是指宮內皇帝朝見百官、行政機關，其最高長官為丞相、太尉、御史大夫。大秦帝國設置左右兩名丞相，「掌丞天子，助理萬機」，為文官之首，是中央政府中的最高行政長官，在皇帝的直接領導下，負責處理國家日常的一切行政事務。由於李斯在建立郡縣制等方面功勳卓著，始皇帝便任命他為帝國丞相。

太尉為武官之長，是中央政府中的最高軍事長官，在皇帝的直接領導下，負責處理國家日常的一切軍事事務，戰時擁有領兵作戰的權力，但調兵權則直接歸屬於皇帝。

御史大夫主管監察百官，「掌副丞相」，又「掌圖籍祕書」，相當於祕書長的職務，往往比丞相、太尉擁有更大的實權。

丞相、太尉、御史大夫直接對皇帝負責，位在皇帝一人之下，居百官之上，合稱「三公」。「三公」之下設有「九卿」，分管中央政府的不同職能部門，大致相當於今天的「部」，分別受丞相、太尉、御史大夫的領導，並直接聽命於皇帝。

從此之後，中央集權的君主專制制度便在中華大地上確立了。

從有效行使國家職能的角度來看，大秦帝國的中央政府在中國政治制度發展史上，乃至在世界其他一些國家政治制度的發展史上，都是有所貢獻的，堪稱是一個時代性的里程碑。

## (四)

秦始皇對中國文化和經濟發展也做出了巨大的貢獻。在統一六國的當年，始皇帝便頒發了「一法度衡石丈尺、車同軌、書同文」的詔書。「車同軌」、「輿六尺」便是其中的內容之一。

「一法度衡石丈尺」的意思，簡單說就是統一度量衡。在戰國時期，各國的貨幣、重量、長度等單位並不統一，每個諸侯國都有自己的規定。這無疑給各地的經濟交流與發展帶來了障礙。秦統一天下後，幣制和度量衡的混亂狀況更不符合經濟發展的客觀需要。

正是在這種歷史背景下，秦始皇在統一六國後不久便下達了統一貨幣和度量衡的法令。法令規定：用方孔的半兩圓錢取代以往一切形制的銅幣，使方孔圓錢成為流通領域中的唯一一種銅幣形制。

秦始皇統一貨幣的這一行為，消除了秦帝國各地區之間在幣制上存在著的嚴重不統一狀況，減少了貨幣流通中的不必要換算，為貨幣的使用提供了方便，對於商品交換和經濟交流無疑是一件有利的改革。

更為重要的是，大秦帝國發行的方孔圓錢便於用繩子穿起來攜帶，比戰國時期各諸侯國發行的那些奇形怪狀的貨幣更易於攜帶，也更加實用。從此，方孔圓錢便為後世所沿用，足足影響了中國數千年的時間。直到清朝滅亡之後，這種銅質製錢才退出歷史舞台。

始皇帝統一天下之前，各國的度量衡在名稱、計量單位和進位元制上也不一致，甚至一國之內也存在多種計算方法。在戰國七雄之中，唯有秦國在商鞅變法時就在國內進行了統一度量衡的工作，對度量衡器的標準有了統一的法律規定。

當時，秦國的度量衡是相對統一的。在度制方面，以寸、尺、丈、引為單位，其進位元制度是十進位制，十寸為一尺，十尺為一丈，十丈為一引。在量制方面，以龠、合、升、斗、桶（斛）為單位，基本上是十進位制，即二龠為一合，十合為一升，十升為一斗，十斗為一桶（斛）。在衡制方面，以銖、兩、斤、鈞、石為單位，其進位元制是：二十四銖等於一兩；十六兩等於一斤；三十斤等於一鈞；四均等於一石。

今天看來，秦國的度量衡也有很大的缺陷，但這在當時已經是非常先進的了。秦始皇統一六國後。便透過頒發詔書的形式，下令將秦國的度量衡制在大秦帝國全境之內推行，廢除山東六國原有的所有度量衡器。度量衡的統一對國家經濟的發展和各地的經濟交流都起到了十分重要的作用。

「車同軌」是指統一車輛的規格和官道的寬度。「軌」是指車兩輪之間的距離。戰國時代的車軌距離並不統一，各諸侯國對「軌」的長短也都有自己的規定。秦帝國以法令規定車輛兩輪之間的距離以六尺為度，這就使通行在秦帝國各條道路上的車輛在車寬上有了統一的規定。始皇帝還命人以咸陽為中心，修建了四通八達的交通網，可以直通全國各地。

「書同文」是指統一文字。戰國末期，各諸侯國之間乃至於一個國家的內部，文字形體上的差異都很大，即所謂「文字異形」。同一文字在不同的地方便有不同的寫法，這非常不利於各地之間的文化交流。為此，始皇帝在統一天下後，便下令廢除原先東方六國的文字，統一使用秦國的「小篆」。

小篆是由「大篆」（又稱「籀文」）演化而來的。同大篆相比，小篆在形體上更加整齊和定形化，線條簡單而均勻，在寫法上也不像大篆那樣繁複，同時又減少了許多異體字。總之，大篆比小篆難寫、難認，而六國文字比大篆還難認，缺乏規律。可見，戰國末年秦國的小篆可算得上是當時最先進的文字了。

為在秦帝國特別是原山東六國推行統一的文字，秦始皇命令李斯、趙高、胡毋敬分別用小篆書寫了《倉頡篇》、《爰曆篇》和《博學篇》，作為統一文字的標準範本，賦予這三種標準文字範本以法規上的效力。

李斯等人所書寫的標準文字的字體，實際上也是對秦國早已通行的小篆文字進行了一次整理與規範。這種經過整理、規範後的小篆比大篆簡易很多，比六國文字更容易書寫與辨認，方便了各地的文化交流。

由此可見，始皇帝在經濟、文化上進行的這些改革對中國歷史的發展有巨大的貢獻。

# 第十六章　君臨天下巡四方

秦之所以革之者，其為制，公之大者也；公天下之端自秦始。非聖人意也，勢也。

——（唐）柳宗元

## (一)

建立了從中央到地方一整套嚴密的統治機構，再加上實施了「車同軌、書同文」，大秦帝國無論是在疆域上，還是在思想文化上，都實現了大一統。

據《史記·秦始皇本紀》記載，此時秦朝的疆域「東至海暨朝鮮（今朝鮮），西至臨洮、羌中（今甘肅甘南一帶），南至北向戶（今越南中部），北據河為塞，並陰山至遼東」。此時，大秦帝國的疆域至少比西周時期各諸侯國的總面積大五倍以上，為中華民族的生存和發展奠定了堅實的基礎。

新王朝的建立工作已基本結束，始皇帝便開始「巡狩」天下了。所謂巡狩，也叫省方，原是指天子對地方諸侯的巡視，並以此來考察民風和諸侯之地的為政情況，以使上情下達、下情上通。在五帝時期，天子巡守便已成為一種傳統。因此，巡狩不但是天子的一種職責，也是天子統治天下的一種象徵。

西元前二二〇年，即一統天下的第二年，始皇帝進行了第一次出巡。始皇帝的車駕從咸陽出發後，向西北方向而行，首先來到北地郡。

北地是秦惠文王和秦昭襄王時併吞的義渠之地。義渠是古西戎之國，或稱義渠之戎。義渠國曾經十分強大，一度與秦國、魏國抗衡，並參與了中原縱橫爭霸之戰，成為雄據一方的少數民族強國。秦昭襄王消滅義渠國之後，便設立了北地郡，郡治義渠縣（今甘肅省慶陽市西南），義渠之民也逐漸融入到中原的華夏族當中。

離開北地郡後，始皇帝又西行出雞頭山（今寧夏隆德東），折向西南，來到隴西郡。

隴西是秦朝的發祥地。秦朝王室的先祖非子，因為給周孝王養馬有功而被封於秦邑（今甘肅省張家川）。這秦邑就在隴西郡內。

北地郡和隴西郡既是秦國的後方，也是西部的邊境，由此往西便是古代的少數民族戎狄雜居之地了。由此看來，秦始皇此次巡行，既是尋根問祖，也有視察和安撫鞏固後方之意。也正因為如此，始皇帝此行並沒有做出什麼重大的決策。

出巡數月之後，秦始皇的車駕便從隴西東返到回中（今陝西省隴縣西北）。回中有秦的行宮，叫回中宮。一行人馬在回中宮休息數日後，便又啟程返回都城咸陽。

秦始皇在西巡的一路上都沒有什麼舉動，然而他一回到咸陽，馬上就下令在渭水之南興建了一座新的宮殿。

歷代帝王似乎對大興土木都情有獨鍾，始皇帝也不例外。早在一統天下的期間，始皇帝就開始大興土木。據《史記·秦始皇本紀》記載，始皇帝每消滅一個諸侯，便在咸陽以北地區縮建其宮室，將各國諸侯的妻室和金銀珠寶全部置入其中。始皇帝這樣做的目的十分明顯，就是為了向天下炫耀他炳彪千秋的功勳。

這次修建新宮殿的目的也不外乎彰顯功績，向天下人展示「唯我獨尊」的權柄。那麼始皇帝又為什麼要將新宮殿建在渭南呢？這是因為秦朝的新宗廟及章台、上林苑等都位於渭南，那裡是當時天下的中心。

剛開始，新宮殿被命名為「信宮」，但建成時則改成了「極廟」，以比為「天極」。所謂「天極」，是天心的中央，即相當於北極星的位置，也叫北辰。古人認為，此處是太一神居住的位置，因此又稱為中宮天極，而太一神是天上最高的神即天帝的別稱。這就看得出來，秦始皇是要處處神化自己，天帝居天極，那麼自己自然要居於「極廟」了。

秦始皇不僅在渭南興建了「極廟」，還對咸陽進行了規劃，下令修建了一條自極廟通往驪山的大道，又在這座宮殿中建造了甘泉前殿及一道有護牆的甬道，跨渭河與原來的咸陽宮相連。如此一來，咸陽宮也被納入新規劃的整體宮殿系統中來。咸陽宮的規模擴大了，也變得更加莊嚴神聖了。

## (二)

西元前二一九年，秦始皇命車駕出關，巡行帝國的東南地區，封禪泰山。與前一次巡守不同，始皇帝這次要去的是剛剛併入帝國版圖不久的新領地。為了向新臣民們展示皇帝的權威，秦始皇對這次出巡作了精心的策劃與周密的安排。

據說，始皇帝的車駕儀仗兼收東方各諸侯國車駕儀仗的特點，不但十分威武，而且還很舒適。始皇帝此次出巡動用了最高的規格的車駕，即八十一乘車駕，由公卿奉引，太僕御、大將軍參乘。隨行官員有列侯武城侯王離、列侯通武侯王賁、倫侯建成侯趙亥、倫侯昌武侯成、倫侯武信侯馮毋擇、丞相王綰、丞相李斯、卿王戊、五大夫趙嬰等十一人。隨行的其他官員如尚書、御史等，也不在少數。由於此次東巡秦始皇擬定到泰山封禪，因而車駕規模之大、隨行重要官員之多，都非以前的天子巡狩天下所能比擬的。

一切準備就緒之後，浩浩蕩蕩的車隊便沿著渭水南岸的「華陰平舒道」向東而去了。華陰平舒道寬五十步（約合今六十九點三公尺），每隔三丈（約合今六點三公尺）種一棵青松，車駕行在其上，不但平穩，速度也極快。始皇帝一行很快東出函谷關（今河南省靈寶市），來到了原先東方六國的土地。一路上，始皇帝車駕所到之處，郡縣官員都會提前安排好食宿，地方上的文武百官也會隨時向秦始皇「奏事」。

車隊通過函谷關後，繼續沿馳道東行，路經洛陽，到達了今山東鄒縣東南的嶧山。嶧山在鄒縣北（在今鄒縣縣城東南），嶧邑便是以嶧山命名的。嶧山東西長二十里，有高峰獨出，聳入雲端。作為封禪泰山的前奏，始皇帝一行登上了這座高聳雲端的山峰，並令丞相李斯用大篆字體刻石於山嶺，名曰「晝門」。

當時可能正處於盛夏之季，天氣酷熱，始皇帝一行就在山中避暑。齊魯大地的儒生們也奉詔來到嶧山之山，向始皇帝獻計獻策，安排封禪泰山事宜。在此期間，李斯還在嶧山之上刻了一篇歌頌大秦功德的碑文。可惜的是，這座石碑在南北朝時期被北魏太武帝登嶧山時推倒了。不過，因李斯的小篆盛名遐邇，碑雖然倒了，但慕名前來摹拓的文人墨客、達官顯貴仍絡繹不絕。當地官民因常疲於奔命送往迎來，便聚薪碑下，將其焚毀，從此不可摹拓。後世曾根據拓本翻刻了多塊石碑，現存的石碑是元朝時期翻刻的。

所以，嶧山刻石雖然已經在歷史的煙雲中湮沒了，但其內容卻流傳了下來。嶧山刻石一文大意是說，西周時代分封諸侯，導致了天下大亂，「流血於野」；而唯有始皇帝的統一天下，才帶來了「兵不復起，災害滅除，黔首康定」的局面。也就是說，這篇石刻文是為始皇帝歌功頌德的。

一切計議已定，始皇帝便率領群臣登頂泰山，準備行祭天之禮。據說，秦始皇一行來到泰山半山腰之時，突遇暴風驟雨，而四周卻沒有可以避雨的地方。群臣站在風雨中，面面相覷，不知所措。突然有

## 第十六章 君臨天下巡四方
(二)

一名大臣說道：

「啟奏皇帝，旁邊有一棵大松樹可以遮風擋雨。」

始皇帝一看，大松樹長得十分繁茂，的確可以遮風擋雨。始皇帝便移步來到樹下，果然好多了。不多時，暴風驟雨便停了下來，始皇帝愁眉一展，立刻在百官面前興高采烈稱讚道：

「大松樹為朕遮風擋雨，功勳不小。傳朕旨意，上封松樹為五松大夫！」

文武官員一聽，都非常湊趣，高呼道：

「皇帝萬歲，萬歲，萬萬歲！」

封松樹為大夫，這也算上是始皇帝封禪泰山途中的一件風雅之事。據說，今泰山腰的五松亭就是秦始皇當年封禪的避雨處。

祭天完畢後，始皇帝又命李斯撰文，刻石立於山巔，以記錄這一天的事件。時至今日，始皇帝命李斯刻於泰山山巔的文字僅存十個字，而且還可能不是當年的真跡。下山後，始皇帝又在梁父（今山東省新泰縣西）舉行了禪禮。

自登上皇帝之位以來，秦始皇對五德終始學說甚感興趣，意在宣揚自己是受命於天的真命天子。泰山封禪則是宣揚受命於天、皇權神授的最好形式，他怎能不為此而志得意滿呢？

在禪於梁父舉行祭地儀式之後，秦始皇又命人立石刻詞，讓李斯用大篆手書刻石之文。秦始皇在此後的諸多次巡遊刻石，皆用大篆字體，以示莊重。梁父石刻與嶧山石刻一樣，也是為秦始皇歌功頌德的。此後，始皇帝巡行全國所留下的諸多刻石文辭基本上都沒有離開這一主題。

## （三）

泰山封禪之後，始皇帝一行繼續在齊魯大地巡視。他們巡視的路線大致是從臨淄東行到沿海，經黃（今山東省黃縣）、腄（今山東省煙台市福山區），登之罘（今山東省煙台市北），上成山（今山東省榮成市），然後沿海西折到瑯琊（今山東省諸城市東南海濱）。在這些地方，始皇帝又一一禮祠東方人民所信奉的神祇。這說明，始皇帝在文化上採取大一統政策的同時，也沒有忽視各地文化的差異性。

這次東巡的另外一大收穫就是始皇帝第一次看到了大海。巡海禮神，一路風光，秦始皇來到了瑯琊駐蹕。瑯琊之地濱於海畔，原是東夷、淮夷所居地方，從西周以至春秋尚未知名。後來，越王勾踐滅吳，北上中原稱霸，徙都於瑯琊，並在該地修造了一座觀海台。越王勾踐曾站在台上，以霸主的身分號令天下諸侯尊崇周天子。

然而，越國雖一時稱霸，終是根底不足，猶如流星一般在歷史上一閃而過。勾踐死後，越國便在中原失去了影響和位置。後來，越國被楚威王攻破，歸附了楚國。勾踐的霸業空留一座瑯琊台，也漸漸被人遺忘了。

秦始皇來到瑯琊之時，昔日瑯琊台的盛景早已不再。或許是想到了勾踐昔日的霸業，抑或是被海濱風光所吸引，始皇帝在瑯琊流連三個多月。他還下令遷徙三萬戶到瑯琊台下，以免除十二年租稅的優惠條件讓他們在這裡定居，以供奉瑯琊行宮和觀海台的用度。

忽然有一天，一個名叫徐市的方士求見始皇帝。徐市就是徐福。據說徐福博學多才，通曉醫學、天文、航海等知識，且同情百姓，樂於助人，因此在沿海一帶的民眾中名望頗高。據說，徐福是鬼谷子先生的關門弟子，學辟穀、氣功、修仙，兼通武術。

先秦時期，修仙之術盛行，許多人都相信長生不老的傳說，秦始皇也不能免俗，也在苦苦尋求長生不老之藥，以求長生，永久統治著他締造的大秦帝國。因此，當他聽說徐福前來求見之時，立即宣其覲見。

徐福向始皇帝行了大禮之後，便呈上了早已準備好的奏章。這位徐福不知道是真的相信海上有仙山和長生不老之藥，還是為了求得榮華富貴。他在奏章中說：

「渤海中有蓬萊、方丈、瀛洲三神山，山上的宮殿都是黃金白銀製作的，山上住著仙人。仙人有不死藥，可以長生不死。」

始皇帝在巡海時已經聽當地的官員說起過仙山的傳說。人們紛紛說，三神山遠望就像在雲端裡，等靠近了才看清三神山原來在水中。人要想靠近上去，則三神山又被風引走了。用今天的科學知識來看，人們口中所說的「三神山」不過是海市蜃樓的景象而已。但古人並不知道這是光線的折射現象，遂被這種虛無縹緲的奇異景象所迷惑，以為渤海中真的有仙人居住。

齊威王、齊宣王和燕昭王等諸侯還曾專門派人到海上去尋找仙山，但最終什麼也沒找到。不過，有人卻謊稱他們到過三仙山，獲得了不死藥。有的方士還向世人謊稱自己已經幾百歲，甚至上千歲了。在那個蒙昧的時代，雖然有人對這些謊言表示懷疑，但深信不疑者也不在少數。

秦始皇比齊王、燕王的權力大得多，架勢也氣派得多。齊威王、齊宣王和燕昭王找不到，不代表他這個亙古以來的第一王者找不到。於是，他立即將徐福叫到面前，神祕兮兮問：

「如何才能找到仙山，取得不死之藥呢？」

這徐福也不含糊，當即將他修仙的那套術語和儀式向始皇帝說了一遍。什麼沐浴潔身、敬誡齋戒、選取童男童女和送給仙人的財寶禮物等，說得活靈活現。始皇帝越聽越相信，越覺得自己有長生不老、永掌大權的可能。因此，他立即下令道：

「一切按照徐愛卿所說的辦，擇日出海尋找仙山。」

幾天之後，當地的官員便為徐福準備好了大船數艘、金銀財寶無數和數千童男童女。徐福就帶著這些東西下海求仙人去了。這徐福可能真的出海尋仙山去了，也可能帶著大量的金錢和人口到某處享受生活去了。總之，這個傢伙一去數年都毫無音訊。

始皇帝在瑯琊苦苦等待徐福歸來，可怎麼都等不來，便只好帶著些許留戀和遺憾離開了瑯琊台，車駕沿海濱的馳道，直奔西南而行。他一路經東海郡的郡治郯（今山東省郯城西）、彭城（今江蘇省徐州市）來到長江邊上，乘大船沿長江而上，取道湘山祠（今湖南省岳陽縣西），想要登臨衡山。但因在洞庭湖上遇到了大風浪，險些喪生，始皇帝巡遊的興致大大降低。因此，他取消了繼續南行登臨衡山的預定計畫，命車駕取道郢、安陸（今湖北省安陸）、商南（今陝西省商南縣）、武關（今陝西省丹鳳縣東），返回了咸陽。

# 第十七章 北擊匈奴築長城

秦築長城比鐵牢，蕃戎不敢過臨洮。雖然萬里連雲際，爭得堯階三丈高。

——（唐）汪遵

## (一)

西元前二一八年初春，秦始皇再次東出函谷關，按照上次巡遊的路線巡守東方。始皇帝如此頻繁巡守東方，表明大秦帝國對這一地區的統治還不夠穩固。而事實上也正是如此。各諸侯國的流亡貴族們無時無刻不想著除掉始皇帝，恢復故國，原韓國貴族張良便是其中之一。

張良出身韓國貴族，其祖父和父親都曾擔任韓國的相國。他的父親張平在秦滅韓的前二十年病卒。當時，張良尚且年少，未能在韓國擔任官職。韓國被秦滅亡時，張良尚有家奴三百餘人，家產頗豐。為了替韓國報仇，他變賣了全部家產，四處尋找刺客，甚至連自己的親弟弟死了都顧不上安葬。

後來，張良果然得到一名力大無窮的大力士，能投擲一百二十斤重的鐵椎，所擲無不擊中目標。這名沒有留下姓名的大力士在張良的感召之下，表示願意為刺殺秦始皇而效死。

西元前二一八年初春，張良得知秦始皇要再次東巡，便精心策劃了一場刺殺行動。經實地勘測，張良將刺殺地點選在了博浪沙（今河南省原陽縣東郊）。博浪沙的地理位置優越，路面沙丘起伏，所以秦始皇的隊伍到這裡行進速度就會減慢；而且北面是黃河，南面是官渡河，蘆葦叢生，便於刺殺後逃跑。

初春，始皇帝率領隊伍浩浩蕩蕩沿著官道出發了。按照當時的禮制，皇帝的馬車是用六匹馬拉的「天子六駕」，大臣乘坐的是四匹馬

## 第十七章 北擊匈奴築長城

（一）

拉的「四駕」。也就是說，始皇帝坐在哪架馬車上一清二楚。不過，始皇帝生性多疑，行事也一向謹慎。自從遭遇荊軻刺秦事件之後，始皇帝行事就更加小心了。為了保證自己的安全，始皇帝在出巡之前就按照尉繚的建議，準備了多輛副車，每輛都是由六匹馬拉的，除了始皇帝乘坐的車之外，副車上都坐著一個替身。除了貼身侍衛之外，連隨行的大臣也不知道始皇帝會坐在哪輛車上。

當始皇帝的車隊來到博浪沙時，道旁的蘆葦叢中突然竄出一個高大的身影，徑直向車隊中間撲來。站立在「天子六駕」前後的衛士們幾乎全都被這突如其來的情況嚇呆了。

就在他們回過神，想上前捉拿刺客時，那個高大的身影已經站穩，揚臂將手中的兇器擲向其中的一輛「大子六駕」。只見一道寒光從眼前閃過，「砰」的一聲，那架馬車的車廂後室便被擊中了。緊接著，那名刺客轉身竄入蘆葦叢中，消失得無影無蹤。

整個行刺的過程實在太快了，衛士們甚至沒來得及看清刺客的面貌，他就已經「得手」了。所幸的是，那名刺客擊中的不過是一輛「副車」，而秦始皇當時就坐在這輛副車後面的「金銀車」中。

這名刺客就是張良安排的大力士。不過，他的鐵錐雖然擊中了一輛「副車」，但卻沒有給車隊造成什麼損失。秦始皇立即命令車隊停下來，他拉開左邊的車窗向外望去，只見從前後兵車上跳下來的衛士正手持長戟奔向馳道邊上的蘆葦叢。

這時，李斯已走到始皇帝的專車旁，躬身問安。秦始皇一邊從專車的後門走下，一邊回答說：

「朕無礙！」

始皇帝查看了被擊碎的副車後室，發現那個重達百斤以上的大鐵錐剛好砸在乘客坐臥的位置上。如果自己坐的是這輛車，現在可能已經腦漿塗地了。始皇帝勃然大怒，罵道：

「哪裡來的毛賊，居然敢行刺朕！」

這時，驚恐萬分的文武官員們已經圍了上來，分列站在始皇帝的兩邊。他們齊聲道：

「臣等護駕不力，請皇帝恕罪！」

秦始皇微微閉著眼睛，大聲說道：

「你們不必驚慌，不過是一個小小的狂徒想加害朕罷了！衛士們已經去追了，沒有你們的事了，都各自回車歇息吧。」

隨從的文武官員陸續回到自己的車上。十幾名追捕刺客的衛士也陸續回來了，但並沒抓到刺客。丞相李斯立即向前請示道：

「暴徒冒犯聖上，應詔令天下嚴加追拿法辦，以儆效尤。」

秦始皇點了點頭。善於揣測上意的李斯馬上著手去辦了。不過，他們始終沒能抓到行刺的大力士和這次刺殺行動背後的策劃人張良。為安全起見，張良改名更姓藏到下邳（今江蘇省邳州市）。

張良與刺客的安全轉移，除了計畫周密外，還得力於東方百姓的保護，因為東方六國故地百姓的反秦情緒一直比較強烈。

## (二)

博浪沙事件後，始皇帝並沒有取消東巡的計畫。一行人繼續東行，來到了渤海之濱的之罘，而後又到了瑯琊。始皇帝上一次巡守也到過這兩個地方，這次為什麼又來這裡了呢？這很可能與秦始皇尋仙求藥的急切心情有關。前一年，徐福正是從瑯琊帶領著數千童男童女和無數金銀財寶出海的。然而，始皇帝這次東遊海濱並沒有得到徐福的任何消息。

始皇帝悶悶不樂離開了瑯琊，取道上黨返回咸陽。不知是由於博浪沙「為盜所驚」，還是因為尋仙求藥一無所得，或者是由於國事繁忙，始皇帝在接下來一年的時間裡都沒有再離開過咸陽宮。

西元前二一六年，即秦始皇三十一年，始皇帝下令將臘月更名為「嘉平」。始皇帝的心情怎麼會突然大好呢？據說，這一年九月時，華山發生了一件驚動天上和人間的大事——茅濛在山中乘雲駕龍，升天而去。當然，這件事情不是百姓親眼看到的，而是自稱太原真人的茅盈說的。

茅盈是茅濛的曾孫，一個浪跡天下的修仙術士。和徐福一樣，他也想透過欺騙始皇帝獲得榮華富貴，所以就捏造了他的曾祖父乘雲駕龍、升天成仙的故事。接著，他又教一些孩子唱童謠：

「神仙得者茅初成，駕龍上升入泰清，時下玄洲戲赤城，繼世而往在我盈，帝若學之臘嘉平。」

很快，茅濛升天成仙的事和這首童謠就傳入了始皇帝的耳朵裡。此時，始皇帝正在為找不到不死之藥而發愁呢，現在一聽，非但海上有仙山，這華山上也有人修煉成仙了，看來還是應該去查探查探。於是，始皇帝便找人查問華山附近的百姓。

或許是以訛傳訛，這些百姓還真的相信茅盈捏造的故事。他們紛紛對始皇帝的使者說：

「這是仙人的謠歌。如果皇帝想求長生的話，應該按照這首神仙歌所說的，將臘月改為『嘉平』。」

於是，始皇帝欣然下令，將臘月改稱嘉平，並賜當地百姓每人六石米和兩隻羊。至於茅盈獲得了什麼官銜或賞賜，史書沒有記載。但可想而知，他獲得的東西肯定少不了，金銀珠寶定是用之不完，榮華富貴也享之不盡……

一般認為，秦始皇在統一天下之後，逐漸變得昏庸、奢靡起來，其中最典型的一個例子就是他尋仙問道，徒耗錢糧。可以說，始皇帝渴求長生不死，既與當時的社會大環境有關，也是他手中急劇膨脹的權力在作祟，但徐福、茅盈之流也起到了推波助瀾的作用。

也許正是受到茅盈事件的刺激，冬天剛剛過去，始皇帝便迫不及待命令車駕再次東出函谷關，前往渤海之濱巡視去了。從咸陽至碣石，秦始皇的車隊一路要經過原韓、魏、趙、齊等國的交界地帶及黃河所經過的地方。戰國時期，各諸侯國為了國家防務的需要，都各在邊境修了不少城郭與關塞亭障；沿黃河所修的堤防也大多是「以鄰為壑」。

如此一來，黃河一旦漲水，兩岸的土地就會遭受水患。更何況，這種做法對交通的影響也很大。如今天下已經統一，再也不需要這些城郭、關塞和「以鄰為壑」的堤壩了。秦始皇在此次巡行的途中，便下達了「壞城郭、決通堤防」的法令。這一法令的施行，對華北地區經濟的發展無疑起到了積極的作用。

到達碣石（今河北省昌黎縣東）後，始皇帝立即命燕地的術士盧生入海「求羨門、高誓」。據說，羨門和高誓都是上古時期的仙人。始皇帝認為，他們可能就住在海上三仙山上。

秦始皇派盧生入海可能還有另外一個動機，就是想驗證徐福向他所說的三仙山是否真的存在。隨後，他又派韓終、侯生、石生等人入海，以求仙人不死之藥。

## (三)

在碣石刻石頌德之後，始皇帝又率領他的那支龐大的車隊轉而向北，一路經無終（今天津市薊縣）、漁陽（今北京市密雲西南）、沮陽（今河北省懷來縣東南）、代（今河北省蔚縣）、善無（今山西省右玉縣南）、雲中（今內蒙古托克托縣東北），到達膚施（今陝西省榆林縣東南）。從始皇帝巡視的路線可以看出，他這次巡守的主要目的是鞏固帝國的北部邊防。

在戰國時期，燕、趙兩國向北拓地，使原來活動在北邊的戎狄族人大多融入到華夏族，但也有一部分人北遷到了更遠的地方。為了防範他們入侵，燕、趙、秦等國都在北邊築起了長城。當時，中原稱長城以北的少數民族為胡人，意為未開化的化外之民。在諸胡之中，對中原地區威脅最大的就是匈奴。

從遠古時期起，匈奴的祖先就過著逐水草而居的生活，常年游牧，沒有城郭，也沒有文字。匈奴人從小就練習射獵，使用刀劍等武器，可謂名副其實的馬背上的民族。西周之初，匈奴的祖先開始生活在涇、洛之北，向周天子獻納貢物，被劃歸「荒服」。周穆王以後，匈奴北遷，其與中原的聯繫也突然中斷了。

直到戰國後期，秦國滅了義渠，趙、燕兩國向北開地千里，中原與匈奴才以戰爭的形式重新建立聯繫。此時，匈奴在諸胡之中異軍突起，開始強盛起來，秦、趙、燕三國的北部邊疆頻頻遭受他們的入侵，其中以趙國面臨的情況最為嚴重。趙國著名的將軍李牧曾在邊關與匈奴對峙十餘年，而且只能採取守勢，勉強將匈奴擋在長城之外。

在始皇帝一統天下之時，匈奴內部也出現了統一的趨勢，對中原的威脅更大了。秦始皇這次巡守邊疆，見到北部邊疆荒涼而胡騎猖獗，便存心要興師北伐匈奴。

回到咸陽不久，奉命出海尋找仙山的盧生也回來覆命了。不知這盧生到底有沒有出海，也不知他將始皇帝交給他的金銀財寶都怎樣揮霍掉了。為向秦始皇交差，他胡亂編造了一些鬼神故事，同時還呈給始皇帝一部宣揚符命占驗的圖籙之書，並提到了「亡秦者胡也」這樣一句話。

當時，始皇帝正在尋思如何消滅匈奴，一聽盧生說「亡秦者胡也」，便認為盧生所說的「胡」就是指經常騷擾北部邊疆的胡人。當然，這也可能是狡猾的盧生猜透了始皇帝的心思，故意編造出來的。總之，始皇帝對此深信不疑，立即任命蒙武之子蒙恬為將，率三十萬大軍直奔河套地區，攻擊匈奴。蒙家世代為將，蒙恬從小熟讀兵書，武藝高強，是一個能征善戰的猛將。

蒙恬率三十萬大軍於西元前二一五年直奔匈奴而去。當時，匈奴貴族的首領是頭曼單于。所謂單于，其全稱是「撐犁孤塗單于」。在匈奴語中，「撐犁」是天的意思，「孤塗」是子的意思，「單于」則為廣大之意。以頭曼單于為首的匈奴貴族的統治區域十分廣闊：東連東胡（今遼河上游一帶，一般認為該族群因居於匈奴以東，故稱其為東胡），西接月氏（居於今河西走廊、祁連山一帶的古印歐人種的一支），北毗丁零（中國古代的少數民族之一，居於今俄羅斯貝爾加湖一帶），南鄰大秦帝國，統治的中心區域在頭曼城（大致位於今內蒙古自治區包頭市的東北）。

由於史籍記載不詳，現已無法知道蒙恬是如何擊潰匈奴的。但有一點可以肯定的是，他首戰的出擊方向就是針對著匈奴統治的中心區域的。蒙恬北逐匈奴，攻破了匈奴頭曼城，收復了河南地區（今內蒙古河套地區一帶）。頭曼單于的統治基礎被破壞，不得不率部北遷。而蒙恬則率領秦軍跨過滔滔的黃河，集中優勢兵力，繼續向北追擊，一直追到大漠以北。

高闕（今內蒙古自治區杭錦後旗西北）、陽山（今內蒙古自治區境內的狼山）、北假（今內蒙古河套以北陰山以南的夾山帶河的地區）悉數併入了大秦帝國的版圖。秦始皇大喜，在重賞蒙恬的同時，還在新領土上設置了九原郡（郡治在今內蒙古包頭市西），開始在這一地區實施有效的行政管理。此後，始皇帝就命蒙恬率部駐守北疆，威懾匈奴。

## （四）

精明的始皇帝十分清楚，匈奴雖然暫時北遷了，但大秦帝國的北疆依然時刻處於匈奴的威脅之下。更何況，北疆苦寒，交通不便，當地出產的糧食無法滿足戍邊將士的需要，從中原運過去也困難重重。因此，始皇帝無法在北部邊疆長期駐守數十萬大軍。更重要的是，大秦帝國尚不具備遠逐匈奴或徹底消滅匈奴的實力。所以，秦始皇決定在北部邊防修築一道前所未有的防禦工事——萬里長城，以抵禦匈奴的入侵，保衛內地的安全。

修築長城抵禦匈奴並不是始皇帝開創的，早在戰國後期就開始了。當時，趙、燕、秦三國的北部邊疆都面臨著匈奴侵擾的困擾，長城便首先在這三個諸侯國中修築起來。

應當承認，作為諸侯國，秦、趙、燕三國所築長城的規模已經十分可觀了。可是，和秦始皇修築的萬里長城相比，那些則未免有些小巫見大巫了。秦朝新長城是在修葺和連接原秦、趙、燕三國長城的基礎之上加以增築、延伸而修築起來的。

經過幾十萬民夫的日夜勞作，用了幾年的時間，長城終於建成。新長城西起臨洮，宛如一條巨龍，向西蜿蜒伸展，橫貫當時的北部邊疆，最後到達遼東的碣石（此碣石為山名，在今朝鮮境內，不是秦始皇巡遊所至的碣石），總長達五千餘公里。

長城不僅作為人類歷史上偉大的建築工程而聞名古今，更重要的是，長城首先是一套超大規模的軍事防禦體系。無論在設計上，還是在構造上，它都達到了古代世界軍事工程建築水準的巔峰。

萬里長城在抵禦匈奴進犯、保衛安全方面，起到了非常重要的作用。直到封建社會末期，萬里長城依然發揮著重大的防禦作用，阻擋了北方游牧民族入侵中原的步伐。

不過，萬里長城的修築也帶給了中原人民無盡的苦難。為修築萬里長城，始皇帝強行徵召數十萬民夫。「孟姜女哭長城」的民間故事就形象的說明了始皇帝修築長城帶給百姓的苦難。相傳，秦始皇築長城之時，向民間派發了大量的徭役。青年男女范喜良、孟姜女新婚的第三天，范喜良就被迫出發修築長城去了。

由於邊地苦寒，范喜良不久就因飢寒勞累而死，屍骨被埋在城牆之下。孟姜女身背寒衣，歷盡艱辛，萬里尋夫來到長城邊，得到的卻是丈夫已經死去的噩耗。她痛哭城下，三日三夜不止，長城為之崩裂，露出一片累累白骨。孟姜女無法分清丈夫的骸骨，遂刺破指尖，以血滴於其上，哭著說道：

「若是范喜良的骨骸，血即滲入。」

孟姜女一具屍骨一具屍骨的找，終於找到了自己的丈夫，攜之歸葬。葬畢丈夫之後，孟姜女無法忍受內心的傷痛，也投海自盡了。

孟姜女哭長城的傳說形象的表明了秦始皇在修築長城過程中所實施的暴行，在歷史上具有典型的意義。

# 第十八章 開發西南，南平百越

秦皇築長城，乃為萬世利。連山絕谷勢蜿蜒，雄圖自足制中外。

——（清）楊鸞

## (一)

在加強北疆防禦力量的同時，始皇帝也加強了對西南和東南各地的統治。秦始皇統一全國後，雖然在名義上實現了「率土之濱，莫非王臣」，但由於西南和東南一帶地形複雜，山高林密，崖陡谷深，河流湍急，大秦帝國的統治力量實際上並沒能達到那裡。

西南的情況與北部邊疆不同，那裡民族眾多，各自為政，並沒有形成能與中原相對抗的軍事力量，也沒有出現明顯的同中央政府對抗的民族情緒。因而，秦始皇抓住解決問題的關鍵，即修路，先解決交通問題，將西南地區與中原在交通網路上連成一體，然後再逐步建立地方政府，從而實現對該地區實行有效的政治和經濟管理。

由於西南地區的地形複雜，道路無法按照中原六尺官道的標準修建，只能因地制宜地開鑿五尺道。現在已經無法知曉始皇帝時代開鑿的五尺道有多少，也不知何時修建完成的。可以想像，由於受地理條件的限制，五尺道的開鑿工作一定是非常緩慢而艱苦的。

然而，隨著道路一寸寸向西南方向延伸，統一西南夷的願望也變得越來越現實起來。終於，這條鋪設在崇山峻嶺中的五尺道修通了。它的北端連接著難於上青天的巴蜀棧道，南端則緊緊延伸到風光旖旎的大西南。

隨後，始皇帝便向西南地區派駐了官吏，設置了行政機構。另外，根據當時的情況推測，秦始皇可能還派遣了一定數量的軍隊到那裡，

(一)

以雪亮的刀鋒支援秦朝在西南地區的統治。

五尺道的開鑿第一次使西南地區同中原有了直接的政治、經濟和文化往來，對推動當地社會的發展，促進少數民族地區的文化進步，起到了很好的作用。與此同時，它也在客觀上加快了華夏族同西南各民族之間的融合，在一定程度上加深了民族之間的了解。

在今湖南、江西南部和廣西、廣東交界之處，聳立著五道雄峻的山嶺，即越城嶺、都龐嶺、萌渚嶺、騎田嶺和大庾嶺。這就是人們經常說的五嶺。現在，人們習慣上將五嶺以南地區稱為嶺南。當時，嶺南以及與之相鄰的閩越地區的經濟發展水準十分落後，即使到了唐代，這裡也無法和北方相比。

春秋至秦朝，在東南和南方地區生活著一個與華夏族完全不同的民族——越。越，又名粵，是一個歷史悠久的民族。由於越族部落眾多，人們又稱之為百越。春秋時期的越國即是由百越中的於越人建立起來的。越國滅亡之後，百越開始陸續融入到華夏族之中。至秦朝時，百越中比較大的是閩越和南越，其中南越分布的範圍最廣闊，人數也最多。

據說，始皇帝在西元前二一四年組織了總數達五十萬人以上的龐大兵力，由尉屠睢為統帥，兵分五路，向東南和嶺南出發。進軍東南十分順利，這大概與東南地區與中原接觸較早，對中央政府的認同度較高有關。早在秦朝統一六國以前，秦國的政治統治即已達到過東南地區。西元前二二二年，秦國名將王翦即率兵平定了楚國所統轄的江南地區，降服了越君，並設置了會稽郡。西元前二二一年，秦朝又在東南建立了閩中郡（郡治在今福建省福州市）。

進軍嶺南的戰事則相對要艱難一些，這可能與嶺南地區的越人接觸中原文化較晚，對中央政府的認同感較低有關，另外一個原因則是當地複雜的地理環境造成的。南方的河流縱橫交錯，從黃土高原一路打過來的秦軍不熟悉地形，又無法適應當地酷熱的氣候，後勤補給也十分困難。

為了解決後勤問題，秦始皇於西元前二一四年委派一位名叫史祿的監御史率部開鑿靈渠。在長江流域和嶺南的珠江流域之間，五嶺隔斷了南北之間的往來，不僅水路不通，連陸路也因地勢險峻而難於暢通。灕江和湘江都發源於今廣西興安縣，史祿就利用兩河之間最近距離只有幾里地的天然條件動工開鑿了兩條運河，即著名的靈渠。靈渠溝通了長江和珠江兩大水系，成為中國南北交通的重要水道。靈渠的開鑿，為促進南北方經濟和文化的交流創造了極為有利的條件。

靈渠開通後，秦軍的後勤補給解決了，秦始皇立即命令他的五十萬大軍全力進攻。後來，他還派任囂和趙佗兩員大將，率領水軍經由靈渠開往前線增援。

在秦軍強勁的攻勢面前，「被髮文身，錯臂左衽」的嶺南越人再也抵擋不住了，只好繳械投降，向始皇帝俯首稱臣。為鞏固這一成果，秦始皇不但遷徙了數十萬罪犯到嶺南與百越雜居，還在那裡設置了象郡（郡治在今廣西崇左縣）、桂林郡（郡治在今廣西桂平縣）和南海郡（郡治在今廣東省廣州市）。

至此，始皇帝終於在中華大地上實現了真正的統一，而秦軍征伐嶺南也促進了當地社會的發展。那些遷徙到嶺南的大量人口，從中原帶去了先進的農業、手工業等生產工具和生產技術。在此後漫長的歲月中，他們逐漸與越人通婚，不但促進了民族融合，也加快了嶺南地區的經濟和文化發展。

## (二)

始皇帝修築長城、開發西南、征討嶺南，在建立這些偉大歷史功勳的同時，也讓百姓陷入到困厄之中。為滿足開拓疆土、戍邊和大興土木的需求，秦朝的兵役、力役和賦稅都十分繁重。秦朝法律規定，為國家服勞役是每一個成年男丁所必須承擔的義務。據說，男子二十歲即開始服勞役，實際的服役年齡恐怕還要早一些。服役的時間也很長，西周規定每人服役一個月，到秦朝時可能要達三年左右。

休官道、長城、陵墓，這些都需要大量的人力，其中以始皇帝的陵墓徵調的勞役最多。秦始皇陵自秦始皇初即秦王位時就開始修建，一直修到他死去為止，歷時三十七年，竟然還沒有完工。如此巨大的工程，耗費人力之多令人咋舌。據說，秦始皇修建自己的陵墓用了七十餘萬人。徵發如此眾多的勞動人手去營建不急之務，勢必會對社會生產力造成巨大的破壞。

除了勞役之外，成年男子還要負擔兵役。秦軍分正卒和衛卒兩種。正卒為正式的兵役，役期為一年。服役者要在本郡接受十分嚴格的軍事訓練，學習並掌握基本的軍事技術，如騎射戰陣等等。農閒期間，他們要接受郡、縣長官的檢閱和考核。一旦爆發戰爭，他們就要奉命開赴前線。雖說正卒服役期滿後可回鄉務農，但並不意味著永遠擺脫兵役的羈勒，他們還要隨時準備回應官府的徵召，返回軍隊，重新服役。

# 第十八章 開發西南，南平百越（二）

衛卒的任務是戍守京師和邊防。秦代徵發戍卒的數量是十分驚人的，例如秦將蒙恬在抵禦北邊匈奴時，所部兵力達三十萬人之多；平定嶺南之後，始皇帝又徵發了五十萬人戍守在那裡。

沉重的力役與兵役負擔壓得人民喘不過氣來。當時的人口總數大約為兩千萬左右，而長期被徵赴各種力役、兵役的成年男子就有二三百萬人之多。這對當時相對比較脆弱的農業來說，無疑是一個沉重的打擊。

除了沉重的勞役和兵役之外，百姓還要承擔各種賦稅。秦國之所以能夠勢壓群雄，一統天下，一個非常關鍵的因素就是堅持以農戰為本的戰略方針。

所謂農戰，反映到經濟層面上也就是賦稅是與兵役結為一體的措施。統計全國成年男子的數量、編制戶籍等，是秦國歷代統治者非常重視的一項工作。早在商鞅變法時代，秦國即編制了比較完備的戶籍，目的就在於「舉民眾口數，民不逃粟」。

按照儒家的傳統觀點，男子二十弱冠，即二十歲方算成年，才開始登記於戶籍，承擔各種徭役和賦稅。但秦國男子登記於戶籍的年齡要早得多，通常從十五歲就開始了。

戶賦和口賦是秦朝的兩種基本賦稅，但不是按田地或財產的多少來徵收的，而是按照家中成年男子的數量徵收的。除此之外，還有田賦和芻等。田賦就是按照田地的多少來徵收糧食，芻則是按照土地的多少徵收牲口食用的飼料。

在繁重的賦稅之下，農民面朝黃土背朝天，終年辛勤勞作，用血汗換來一點可憐的收成，有三分之二都要被官府強行徵繳，以供封建貴族揮霍。正因為始皇帝沒有致力於經濟建設，而是橫徵暴斂，濫發徭役，對國計民生帶來了更大的災難，才使得秦朝的統治岌岌可危，朝不保夕。

為了維護岌岌可危的大秦帝國，始皇帝還制定了嚴酷的刑罰。作為中國歷史上的第一個皇帝，秦始皇給自己規定的任務就是全心全意維護自己至高無上的皇帝地位，竭盡全力去剝奪老百姓的自由。這位性格古怪、獨斷專行的皇帝制定的法律可以用「準」和「狠」兩個字概括。《韓非子》一書中的一段話是這樣說的：

「人臣之於其君，非有骨肉之親也，縛於勢而不得不事也。故為人臣者，窺覘其君心也無須臾之休，而人主怠傲處其上，此世所以有劫君弒主也。」

這段話的大致意思是說：君臣之間沒有血緣關係，臣下之所以對皇帝誠惶誠恐、畢恭畢敬、唯唯諾諾，完全是「縛於勢」，即被皇帝的勢力所逼迫的。所以，臣下時刻不在覬覦著皇帝的寶座，想把皇帝「拉下馬」。

始皇帝深受韓非的影響，因此他制定的法律中也有很多韓非的影子。根據史籍記載，始皇帝時期的死刑就有十幾種之多，如活埋、車裂、棄市、腰斬等。至於其他對人進行肉體折磨和精神侮辱的刑罰更是數不勝數，如黥刑、劓刑、宮刑等。黥刑就是在臉上刺字，劓刑就是劓去鼻子，宮刑則是破壞人的生殖系統。唐朝著名學者孔穎達疏注《周書·呂刑》時說：

「宮，淫刑也。男子割勢，婦人幽閉，次死之刑。」

更為恐怖的是，秦朝還實行「連坐法」，即一人犯罪，其家人、親戚、鄰居都會受到牽連。如此種種，使得始皇帝這位剛剛將百姓從戰爭之苦解脫出來的救世者變成了一個魔鬼。

## (三)

正因為始皇帝橫徵暴斂，又以嚴刑酷法統治人民，再加上當時原東方六國的流亡貴族不斷煽風點火，各地百姓在始皇帝三十四年前後便已開始醞釀著反秦了。一些有識之士已預感到，全國範圍的反秦鬥爭已處於一觸即發的狀態，大有「山雨欲來風滿樓」的態勢。

隨著形勢的發展，始皇帝身邊的臣子們也分化成三派。一派是以嫡長子扶蘇為首的新貴族派，其中包括部分公子、蒙恬等少數將領、扶蘇的師傅淳于越等博士。他們不滿秦始皇的殘暴統治，但又對始皇帝忠心耿耿，幻想透過犯顏直諫改變局面。

另一派是以丞相李斯為代表的地主官僚集團，僕射周青臣是其中骨幹成員。他們身居要職，把持著朝中的部分政務。雖然對始皇帝推行的政策措施感到不滿，但卻深諳始皇性格，善於見風使舵，慣於阿諛奉承。

還有一派就是以宦官趙高為代表的陰謀集團。他們圍繞在始皇帝身旁，掌有宮室內的祕密，並擅長窺測時機，搞陰謀，設毒計。明知始皇帝驕奢腐敗，國勢日危，但卻依然苟活偷安，「狐假虎威」，無惡不作。

與統治階層分化相對應的是，民間的精英階層也出現了分化的趨勢。天下一統後，民間的知識階層已經失去了遊說入仕的途徑。要想入仕，唯有像徐福、茅盈、盧生等一樣，裝神弄鬼，求得始皇帝的歡心。

## 第十八章 開發西南，南平百越
（三）

但並非所有讀書人都甘願為謀得一官半職而為虎作倀，一部分富有正義感、對秦始皇失去信心的讀書人有的隱居避禍去了，有的則投身到百姓或六國貴族的反秦勢力中去了。

很顯然，以扶蘇、蒙恬為代表的改革派根本無法得到始皇帝的認可，倒是後兩派深得始皇帝的欣賞，並反過來對始皇帝的惡性起著「為虎作倀」的作用。至於讀書人，始皇帝也有自己的看法。那些甘願向朝廷靠攏的走卒不過是擺設，而那些避禍深山或投入到反秦隊伍中的則「罪該萬死」。歷史上著名的「焚書坑儒」事件就是在這種背景下發生的。

西元前二一三年的一天，為慶祝擊潰匈奴、平定南越，始皇帝特在咸陽宮設置酒筵，大會群臣。始皇帝酒興很高，群臣也竭盡所能讓他開心。大臣們敬完酒之後，七十餘位博士按照爵位高低，排著整齊的隊伍來到大殿上，跪在地上，手舉酒杯，齊聲道：

「恭賀皇帝！」

始皇帝端起酒杯，啜了一口，笑道：

「眾位愛卿平身，朕治理天下都離不開諸位的大力協助。」

博士退下去之後，僕射周青臣上前，進頌辭說：

「以前秦地不過千里，幸賴陛下神靈聖明，平定海內，驅逐蠻夷，日月照及之地，沒有不臣服的。如今以諸侯為郡縣，人人自得安樂，沒有戰爭憂患，傳於萬世，即便上古也沒有陛下這樣的威德啊！」

秦始皇見博士們濟濟相賀，聽了這頌辭也順耳中懷，當然是喜形於色，龍顏大悅。博士淳于越在一旁看著博士們卑劣的嘴臉，心下有些不快，便上前說道：

「臣聞知商周為王天下能千年之久，是分封子弟功臣作枝葉輔助。現在陛下享有天下，而子弟卻是沒有基業的匹夫。一旦有如齊國田常、晉國六卿那樣的篡臣，誰來拯救皇帝的江山呢？辦事不吸取古人的經驗教訓而能長久的，臣還沒聽說過。現在周青臣又當面阿庾奉承皇帝，加重皇帝的過錯，使皇帝陛下不知道自己的失策，怎麼能算是忠臣呢？」

淳于越說的都是肺腑之言，但因時機不對，秦始皇被惹怒了。但當著眾人的面，始皇帝也不便發作，只是淡淡說：

「照愛卿看來，朕應該怎麼做呢？這樣，大家討論討論吧。」

身為丞相的李斯最善於揣摩始皇帝的心思。他見皇帝對淳于越大為不滿，便出列說道：

「五帝並不都一樣，三王也不相沿襲，他們都是按照各自的情況來治理天下的。不是篡臣們要反，而是時代變化所致。如今陛下創立大業，建下萬世功勳，這根本不是像淳于越這樣的腐儒所能知道的。況且，淳于越所說的是夏商周三代的事，根本不值得效法。」

李斯的一番話總算扭轉了慶功宴的氣氛，也暫時保住了淳于越的項上人頭。然而，秦始皇胸中的那口惡氣並未發洩出來。他暗下決心，不僅要制裁淳于越，而且要掃去戰國以來人人都敢說話議論、敢向君主提建議的風氣。只不過當時礙於面子，他強忍怒火，沒有立即發作罷了。

# **咸陽故夢**
亂世質子贏政的逆轉翻盤之路

# 第十九章 巨人隕落，病逝沙丘

龍盤虎踞樹層層，勢入浮雲亦是崩。一種青山秋草裡，路人唯拜漢文陵。

——（唐）許渾

## (一)

慶功宴結束之後，始皇帝便將丞相李斯留了下來。有些話他自己不便說，也不能說，最好由臣下主動提出來。遍觀群臣，唯有善於揣摩自己心意而又大權在握的李斯能做成這件事。

在始皇帝的授意下，李斯很快便擬定了一篇諫書。李斯上書說：

「臣李斯冒死言：過去天下散亂，不能一統，因而諸侯並立，書、語也都是講古事而妨害當世，以虛言而亂實事；人們也喜好用自己的私學，非議君上所建樹的事業。如今陛下一統天下，已經消除僭偽而確定一尊，但私學卻仍然相互傳授。那些腐儒們聞知命令頒下，就按自己的學說妄加議論，入朝時口是心非，出朝後便街談巷議，自我誇飾，標新立異，引導人們製造誹謗之言。這種情況如不禁止，就會使君主的權勢下降，而臣下也會結黨營私。唯有禁止私學才對國家有利。我建議：史書凡不是秦記的都燒掉；凡不是博士官職所需的書，天下藏有的《詩》、《書》、百家之言的著述，一律送交郡守、尉處焚燒掉；再有敢於私談《詩》、《書》的處死，以古非今的滅族；官吏見到或知道而不舉報的，與這樣的人同罪；命令頒下三十天後還不把書籍燒掉的，將其人黥面，罰去築城。醫藥、卜筮、農學之書皆不在此列。要想學法令的讀書人必須以官吏為師。」

「焚書」禁言本來就是始皇帝自導自演的一場戲。因此在接到李斯的諫書後，始皇帝稍稍看一看，便下令批准了。

## 第十九章 巨人隕落，病逝沙丘

（一）

就這樣，中華大地便出現了一次全國性的焚燒圖書典籍的歷史事件。這是一次對文化的荼毒，是對人類思想的禁錮，中華文化也因此遭到了有史以來最大的浩劫。幸運的是，一部分讀書人冒死將一部分典籍藏了起來，或默記在心裡，這才使得《詩經》、《論語》、《尚書》等中華文化的經典之作流傳到了今天。

中華文化的劫難還沒有結束，焚書的煙火還沒有熄滅，緊接著就又發生了「坑儒」的血腥事件。始皇帝熱衷於求仙問藥，企圖長生。正所謂「上有所好下必效焉」，在秦始皇的帶領下，不少儒生也參加到尋仙的隊伍中來。當然，儒生加入其中定然不是為了求得長生，而是為了像徐福、茅盈、盧生一樣獲得榮華富貴。

就在焚書事件發生不久後，入海求不死之藥的盧生再次回到咸陽。不死之藥是不存在的，盧生當然求不到，但銀子花光了，他又不能不向始皇帝做一個交代。於是他就編造了一個謊言，告訴始皇帝說：

「臣等尋求仙尋藥常常不遇，似乎是惡鬼在阻礙我們。臣等認為，陛下您要經常出來走走，這樣可以避鬼驅邪；鬼躲開了，仙人也就會來了。皇帝的居所如果臣子們都知道了，也將有害於尋仙。所謂真人，能夠入水不濕，遇火不燃，淩雲氣之上，與天地同壽。如今陛下您治理天下，還不能做到清心寡欲，臣等希望陛下的居處不要被臣下們知道。這樣一來，不死之藥大概就能很快找到了。」

秦始皇又信以為真，當即表示要自稱「真人」，不再稱「朕」了。他還下令將咸陽旁邊兩百里以內的宮觀用兩百七十條複道和甬道連接起來，以幃帳遮住，內設鐘鼓；又強迫大批年輕美貌的少女入內居住，各安布置，不准隨便搬遷。皇帝住在哪裡，哪裡就要嚴密封鎖消息；若有人將消息走漏出去，立即殺無赦。

## (二)

差不多在專心求仙問道的同時，始皇帝又開始大興土木，在渭南修建了阿房宮。

阿房宮也叫阿城，本來是秦國的惠文王所建。但秦惠文王命薄，宮未建成，他便一命嗚乎了。後來，「始皇廣其宮，規恢三百餘里」。秦始皇在上林苑中建造朝宮，「先作前殿阿房」。這是說朝宮的前殿叫作阿房宮。可能因為阿房宮的名氣太大了，人們逐漸將整個朝宮也稱作阿房宮。

所謂阿，就是「近」的意思;所謂房，就是「旁」。阿房也即「近旁」之意。因為阿房宮建立在首都咸陽的附近，所以就暫時取了這個名字。民間傳說，始皇帝修建阿房宮是因為他愛上了一個名叫阿房的女子。但這不過是民間根據阿房宮之名穿鑿附會出來的。

阿房宮規模龐大，裝飾華麗，美輪美奐，可謂中國古代建築史上絕無僅有的傑作。可惜的是，阿房宮還未修建成功，始皇帝一手建立起來的龐大帝國便轟然倒塌了，阿房宮也被西楚霸王項羽一把火殺得乾乾淨淨。

從此之後，始皇帝便與群臣和社會完全隔離開了，他所做的決策也更加不符合實際。始皇帝的統治日益殘暴，天下日益凋敝，甚至連盧生這樣靠坑蒙拐騙獲取榮華富貴的方士也對始皇帝心生不滿。

始皇帝日益驕橫，無論誰待在他身邊都有隨時掉腦袋的可能。有一天，秦始皇在前往一處行宮途中，突然看見丞相的車隊從遠處過來。丞相的車騎非常顯赫，秦始皇就不高興了，覺得他用車超標了，便嘟囔了幾句。

不料，始皇帝身邊的小太監卻悄悄跑去告訴了丞相。丞相知道後，立刻減少車馬，再也不敢擺闊了。秦始皇知道後，勃然大怒：

「竟敢有人洩露真人所說的話！你們能洩露真人的行蹤，仙人怎麼會來呢？」

於是，始皇帝當即便下令將當天在場的值勤太監和眾侍者全部處死。盧生、侯生等一大批為始皇帝尋仙問藥的方士們感到十分害怕。有一天，盧生對侯生說：

「始皇為人，天性剛戾自用，起諸侯，並天下，以為自古以來誰也不如他……像這樣貪戀權勢之人，我們不可再為他求仙藥了。」

於是，盧生和侯生等人攜帶著大量金銀珠寶不辭而別。盧生、侯生等人的離去自然有逃避之嫌，他們擔心自己的騙局被識破，導致人頭落地。但他們對始皇帝的議論倒也切中時弊，反映出秦朝朝政已經日益腐敗的實際狀況。

始皇帝聞訊大怒，咬牙切齒說：

「去年以來，朕召集了這麼多文學方士，為的就是讓文學之士興太平，讓方士去尋仙問藥。如今，盧生這些人跑了，竟然不向朕彙報。徐福等人入海尋仙，花費巨萬，也沒有找到不死之藥。那些奸徒為了獲利就奔相走告，用這些方法來騙朕。朕待盧生等人不薄，但他們臨走前還要誹謗朕，說朕無德！立即將在咸陽的諸生召集以來，嚴加審問，以防他們妖言惑眾！」

眾臣得令後，立即審查聚集在咸陽的方士，一共查出四百六十多人有欺騙始皇帝的嫌疑。秦始皇一怒之下，把他們全部都活埋，以警告他人不要再做欺騙和誹謗自己的事。

從整件事情的經過來看，將這一事件說成是「坑儒」其實有些冤枉始皇帝了。《史記·秦始皇本紀》也將這一事件稱為「坑術士」，而不是「坑儒」。坑儒是後代人的說法。大概是後世的儒生為了提高儒家的地位，說秦始皇就是因為坑儒才導致亡國的，以引起統治者的注意。但無論如何，這些方士本來是始皇帝召來為自己做事的。如今說殺就殺，也足以看出其反覆無常的暴虐性格。

長子扶蘇在這一事件中也受到了牽連，因為他跑來為諸方士向秦始皇求情：

「這些人都是誦法孔子的，陛下用重法處理他們，恐怕天下會不安吧？」

扶蘇無論如何也沒想到，他不僅沒能勸止秦始皇隨便殺人，還為自己招來了禍患。秦始皇見自己未來的繼承人竟反對自己，一氣之下便把扶蘇趕到北部邊疆，讓他當蒙恬的監軍去了。當然，他這樣安排也有鍛煉扶蘇之意，因為他有意立扶蘇為太子。

## (三)

生老病死是自然規律，不會因任何人而改變，秦始皇也逃不過這一自然規律。西元前二一一年，即秦始皇三十六年，東郡（今河南、河北、山東三省的交界處）發生了一件怪事。據說從天上掉下來一塊隕石，塊隕石上還刻著七個字——始皇帝死而地分。

很顯然，這件事情是有人在背後搗鬼，但其中卻飽含著民眾盼望秦始皇早死、秦帝國早點分崩離析的心願。

然而，這幾個字與始皇帝想長生不死、永久統治帝國的願望相違。因此，他立即下令盤查附近的居民，想弄清事實的真相。但沒有一個人肯說出事實的真相，最後始皇帝殘暴殺害了當地所有居民，並將他們的屍體連同那塊隕石一起燒化了。

秦始皇是相信鬼神之說的，所以這件事情對他的打擊很大，此後他總是悶悶不樂。後來，他命博士製作「仙真人詩」的樂曲，讓樂師演奏，以消愁解悶。這首樂曲描寫了長生不老的神仙巡遊仙界的情景。

同年秋天，一個使者由關東趕往咸陽。他走到華山腳下的平舒道時，天已經全黑了。突然，從黑暗之中走出一個人，手捧玉璧對使者說：

「替我把玉璧送給鎬池君吧。」

使者接過玉璧。那人忽然又說道：

「明年祖龍將死。」

使者想問清其中緣故，但那人已經消失了。

## 第十九章 巨人隕落，病逝沙丘

（三）

鎬池君是誰呢？據說，鎬池君是在渭水南邊的鎬池受人祭祀的水神，是周武王死後所化。使者被弄得莫明其妙，只好先帶著玉璧來到咸陽，把事情的經過向秦始皇報告。

秦始皇聽後，沉默了半晌，才緩緩說道：

「山鬼之輩，能預見的頂多也只是一年以內的事情。」

這句話不過是秦始皇的自我安慰罷了。退入里間後，他又自言自語嘮叨一句：

「祖龍乃人之先也！」

池君是周武王，祖龍自然就是自己了。始皇帝想到這些不免心中發慌。他急忙派人查驗玉璧，發現那正是他南巡時奉獻給長江之神的禮物。如今「山鬼」要將玉璧轉送給鎬池君，豈不是意味著秦國的水德將盡，大秦帝國要滅亡，而自己也將不久於人世呢？

秦始皇越想越害怕，急忙請人占卜，以定吉凶。結果，占卜得到了一個「遊徙吉」的卦。秦始皇立即遷徙三萬戶居民前往北河和榆中（都在今陝西省榆林縣）一帶，而他自己則在第二年開春離開咸陽，南巡去了。

始皇帝最寵愛的小兒子胡亥特意要求同行，始皇帝答應了。這次同行的還有宦官趙高和丞相李斯。秦始皇一行遊歷了雲夢（今湖北省雲夢縣），在九嶷山祭祀了舜帝，然後順長江而下，過錢塘江，奔會稽（今浙江省紹興市）而去。此後，始皇帝又在會稽山祭祀了大禹，刻文立碑，稱頌秦始皇的功績。

然後，他們又經過吳（今江蘇省蘇州市）來到江乘（今江蘇省句容縣北），從那裡過長江，沿著海岸線北上，再次來到瑯琊。很顯然，始皇帝還惦記著徐福入海求不死之藥的事情。巧合的是，他在這裡真的遇到了徐福。

徐福害怕始皇帝砍了自己的腦袋，便胡言亂語說：

「蓬萊仙山上確有不死之藥，可惜臣在海上遇到了大鮫魚阻擋，無法到達。請皇帝派善射的人與臣一起去射死鮫魚，這樣就可以取到不死之藥了。」

當晚，始皇帝做了一個奇怪的夢，夢到他與海神交戰。醒來後，他問身邊的人，這個夢是什麼意思？身邊的博士敷衍說：

「皇帝之所以見不到水神，是因為大鮫魚阻擋了他的通道。只有除去這個惡神，善神就會來了。」

始皇帝深信不疑，立即命令徐福帶著善射之人、數千童年童女和無數金銀財寶到海上去射殺鮫魚，尋仙藥去了。但是徐福這一去就再也沒有回來。據說，他後來到了今天的日本，在那裡自立為王了。

## (四)

秦始皇在瑯琊左等右等，也不見徐福回來，只好命令車隊返回咸陽。車隊來到平原津（今山東省平原縣南）時，始皇帝突患重病。這很有可能是多年來的種種異象導致他心神不寧，繼而誘發了疾病。

病中的始皇帝更加忌諱「死」這個詞了，隨行的大臣們誰也不敢議論他的病情。秦始皇雖然派隨行的上卿蒙毅急忙趕回咸陽向山川之神祈禱，但他的病還是逐日嚴重起來。這位不可一世的皇帝似乎也意識到了死神已經降臨，他竭盡最後一點力氣，寫了一封遺詔給長子扶蘇，命他火速趕往咸陽，商議國喪及立儲之事。

始皇帝將遺詔封好後，交給宦官趙高。皇帝簽發詔的玉璽和調動軍隊的兵符也都由始皇帝的這身貼身宦官保管，書件只有蓋上玉璽才能真正被認作是皇帝的旨意而發生效力。但是，這位心懷鬼胎的宦官卻悄悄將始皇帝的遺詔藏了起來。

西元前二一〇年七月，當車駕來到沙丘平台行宮（今河北省廣宗縣大平台村）之時，始皇帝便油盡燈枯，撒手離世了，享年五十歲。秦始皇夢寐以求長生不老的願望最終還是成了泡影。

隨從秦始皇巡遊的左丞相李斯深恐皇帝在旅途中突然駕崩的消息會引起天下大亂，就祕不發喪，下令把秦始皇的屍棺偷偷放進涼車，馬不停蹄向咸陽趕去。

當時，知道秦始皇已死的除了李斯之外，只有公子胡亥、趙高及幾名隨從的宦官。諸位大臣都不知道，沿途迎送的官員更不知道。趙高突然野心膨脹，決定殺掉公子扶蘇和大將軍蒙恬，立與自己親厚的胡亥為新帝。而見風使陀的李斯也參與其中。於是，趙高便與胡亥、李斯等人勾結，假傳詔書，將扶蘇和蒙恬賜死。

當時正值暑期，始皇帝的屍體在車中很快就腐爛發臭了。李斯、趙高等人便命人裝了許多臭魚在車上，以掩蓋氣味。然後，他們就按照既定的路線，從沙丘到井陘，再由井陘繞道往九原（陝西省榆林縣），最後才走直道回咸陽。這樣做，無非是要做出一副樣子來欺騙世間，讓人覺得好像秦始皇依然健在，正在按原計畫巡遊天下。

剛一回到咸陽，趙高、李斯等人便扶胡亥登上了帝位，史稱秦二世。隨後，秦二世便為秦始皇舉行了國喪，將其埋葬在驪山陵。這位與始皇帝相比有過之而無不及的暴君還下令：凡後宮中沒有生育的妃子全部殉葬。至於那些在修建驪山陵地下宮殿時悉知機關的工匠們，也全部被關在墓中，沒有一人能夠逃生。

從此，大秦帝國便進入了秦二世胡亥的時代。在趙高與李斯的慫恿下，荒淫無度的秦二世很快就將整個國家弄得千瘡百孔。西元前二〇九年，陳勝、吳廣在大澤鄉揭竿而起，天下紛紛響應。隨後，項羽、劉邦等人也豎起反秦大旗。到西元前二〇六年，不可一世的大秦帝國便土崩瓦解了。始皇帝一手建立的大秦帝國僅僅維持了十五年，便在中國歷史的長河中煙消雲散了。

# 秦始皇生平大事年表

西元前二五九年 秦昭襄王四十八年，秦始皇出生，取名趙政，稱嬴政。

西元前二五一年 秦昭襄王五十六年，嬴政及母親趙姬回到秦國。

西元前二四六年 秦王政元年，莊襄王死，嬴政繼秦王位，由太后處理朝政，尊呂不韋為相國。

西元前二四四年 秦王政三年，蒙驁討伐韓國，攻取十三座城池。

西元前二四二年 秦王政五年，蒙驁攻取魏二十城，初置東郡。

西元前二四一年 秦王政六年，魏、趙、韓、燕、楚五國聯軍攻秦。

西元前二三八年 秦王政九年，秦王親政，平定嫪毐之亂，滅其三族。

西元前二三六年 秦王政十一年，罷免呂不韋相位，逼其遷入蜀地。同時招攬人才，重用客卿。同年王翦攻齊，攻取九座城池。

西元前二三五年 秦王政十二年，協助魏國討伐楚國。呂不韋自殺。

西元前二三四年 秦王政十三年，定平陽、宜安。韓非自楚國來秦，被李斯毒死。

西元前二三〇年 秦王政十七年，調兵遣將，開始統一大業，派內史騰率師滅韓。

西元前二二八年 秦王政十九年，派王翦猛攻趙國，大破趙軍，俘虜趙王遷，占領趙都邯鄲。

西元前二二七年　秦王政二十年，在咸陽宮遇刺，怒殺荊軻，同時增兵趙地，派王翦進攻燕國。

西元前二二六年　秦王政二十一年，派王賁討伐楚國。

西元前二二五年　秦王政二十二年，派王賁攻打魏國，王賁用水灌大梁之計消滅魏國。

西元前二二三年　秦王政二十四年，派王翦、蒙武攻克楚都壽春，俘虜楚王負芻，楚國滅亡。

西元前二二二年　秦王政二十五年，派王賁攻占遼東，俘虜燕王喜，消滅燕國殘餘勢力。

西元前二二一年　秦王政二十六年，滅掉齊國，吞併天下。秦王政改稱始皇帝，統一各種制度。

西元前二二〇年　秦始皇二十七年，第一次出巡，修馳道，完善道路系統，加強各地之間的聯繫。厲行車同軌，書同文，統一度量衡。

西元前二一九年　秦始皇二十八年，第二次出巡，巡視郡縣，登封泰山，開鑿靈渠，開始建造阿房宮。

西元前二一八年　秦始皇二十九年，第三次出巡，遭張良率力士行刺。

西元前二一六年　秦始皇三十一年，重申重農抑商政策。

西元前二一五年　秦始皇三十二年，派蒙恬北擊匈奴，收取河南之地。第四次出巡，巡視北方自上郡返回咸陽。

西元前二一四年　秦始皇三十三年，平定南越、西甌，並移民戍邊，修築舉世聞名的萬里長城。

西元前二一二年　秦始皇三十五年，築九原通甘泉直道。

西元前二一〇年　秦始皇三十七年，第五次東巡，途中病死，享年五十歲。其子胡亥繼位，史稱「秦二世」。

# 第十九章 巨人隕落，病逝沙丘

（四）

官網

**國家圖書館出版品預行編目資料**

咸陽故夢：亂世質子嬴政的逆轉翻盤之路 / 陳深名著 . -- 第一版 . -- 臺北市：崧燁文化 , 2020.08
面； 公分
POD 版
ISBN 978-986-516-458-4( 平裝 )
1. 秦始皇 2. 傳記
621.91 109012458

# 咸陽故夢：亂世質子嬴政的逆轉翻盤之路

臉書

**作　　者**：陳深名　著
**發 行 人**：黃振庭
**出 版 者**：崧燁文化事業有限公司
**發 行 者**：崧燁文化事業有限公司
**E-mail**：sonbookservice@gmail.com
**粉 絲 頁**：https://www.facebook.com/sonbookss/
**網　　址**：https://sonbook.net/
**地　　址**：台北市中正區重慶南路一段六十一號八樓 815 室
Rm. 815, 8F., No.61, Sec. 1, Chongqing S. Rd., Zhongzheng Dist., Taipei City 100, Taiwan (R.O.C)
**電　　話**：(02)2370-3310　　**傳　　真**：(02) 2388-1990
**總 經 銷**：紅螞蟻圖書有限公司
**地　　址**：台北市內湖區舊宗路二段 121 巷 19 號
**電　　話**：02-2795-3656　　**傳　　真**：02-2795-4100
**印　　刷**：京峯彩色印刷有限公司（京峰數位）



**定　　價**：320 元
**發行日期**： 2020 年 8 月第一版
◎本書以 POD 印製